20일 만에 끝내는

정재현
지텔프
보카

정재현 지텔프 보카

지은이 정재현어학연구소
펴낸이 임상진
펴낸곳 (주)넥서스

초판 1쇄 발행 2023년 2월 10일
초판 8쇄 발행 2024년 10월 4일

출판신고 1992년 4월 3일 제311-2002-2호
10880 경기도 파주시 지목로 5
Tel (02)330-5500 Fax (02)330-5555

ISBN 979-11-6683-470-7 13740

가격은 뒤표지에 있습니다.
잘못 만들어진 책은 구입처에서 바꾸어 드립니다.

www.nexusbook.com

20일 만에 끝내는

정재현 지텔프 보카

LEVEL
2

정재현어학연구소 지음

넥서스

머리말

전국의 수험생 여러분, 여러분의 지텔프 선생님 정재현입니다.

많은 분들이 오랫동안 기다리셨던 지텔프 보카 교재를 마침내 출간하게 되어 저와 저희 연구소 모두 기쁘고 벅찬 마음입니다.

강의를 하다 보면 자연스럽게 학생들의 꿈과 목표를 알게 되고, 그것을 실현할 수 있는 가장 좋은 방법을 알려주고 싶어집니다.

모든 어학 시험은 각각의 유형과 특징을 갖고 있고, 출제되는 어휘의 성격도 다릅니다. 따라서 각 시험에 맞는 유형을 학습하는 것만큼이나, 해당 시험에 맞는 어휘를 학습하는 것이 중요합니다. 오랜 기간 동안 지텔프 시험에 응시하며 면밀히 분석한 결과, 지텔프에 자주 등장하는 주요 어휘들은 일반 영어의 필수 어휘와는 많은 차이가 있다는 사실을 알게 되었습니다. 그러면서 이 어휘들을 잘 정리한 교재를 만들어서 학생들에게 제공하고 싶다는 생각을 하게 되었고, 그리하여 〈정재현 지텔프 보카〉가 탄생하게 되었습니다.

필수 어휘 1300개는 저를 포함하여 정재현 어학연구소의 지텔프 만점자들이 공들여 선별한 것으로, 파트별로 반복 출제되는 어휘 및 가장 출제 빈도가 높은 어휘들로 구성되어 있습니다. 가장 최근의 경향까지 반영하여 빠짐없이 수록했습니다.

영어에 친숙하지 않은 분들을 위해서 반드시 알아야 하는 '기초 영단어 300개'를 따로 실었습니다. 또한 '지텔프 동의어 이렇게 출제된다' 코너에서는 실제 지텔프에서 출제되고 있는 동의어 문제 유형을 그대로 담았습니다. 그리고 각 단어의 동의어 리스트는 기출 분석을 통해 앞으로 출제될 단어들을 선별했습니다. 이 리스트로 공부한다면 앞으로 지텔프 고사장에서 그대로 출제되어 쉽게 정답을 맞히는 기쁨을 느낄 수 있으리라 생각합니다.

꼭 필요한 어휘, 앞으로 출제될 어휘, 문제가 풀리는 어휘를 싣고자 최선을 다했습니다. 아무쪼록 정재현어학연구소가 다년간의 시험 응시에서 축적된 노하우와 치밀한 분석력을 토대로 심혈을 기울여 제작한 이 교재가 여러분이 하루빨리 지텔프 시험을 졸업하는 데 큰 도움이 되기를 소망합니다.

여러분의 빠른 지텔프 졸업을 진심으로 응원합니다.

여러분의 지텔프 선생님
정재현 드립니다.

목차

구성과 특징

지텔프 노베이스를 위한 기초 단어 300

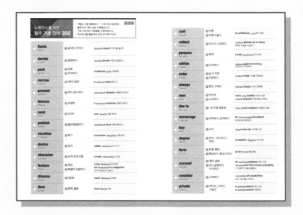

지텔프에서 가장 기초가 되며, 매회마다 1~2회 이상 등장하는 출제 빈도가 매우 높은 어휘로 구성했습니다. 기초 단어 300개를 완전히 마스터하면, 좀 더 쉽게 학습에 임할 수 있습니다.

중요도 순으로 배치한 빈출 어휘 1000

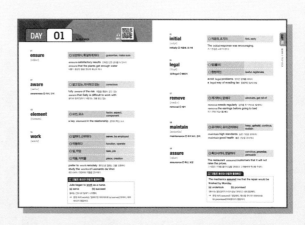

지텔프 최신 빈출 어휘를 Day 1부터 중요도 순으로 배치하였습니다. Day 1부터 순차적으로 학습을 하면 가장 중요한 단어부터 학습할 수 있습니다.

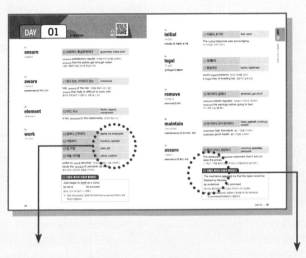

The restaurant **assured** customers that it will not raise the prices.
그 식당은 가격을 올리지 않을 것이라고 고객들에게 확신을 주었다.

☑️ 지텔프 동의어 이렇게 출제된다

The mechanics **assured** me that the repair would be finished by Monday.
(a) undertook   (b) promised
정비사는 월요일까지 수리가 끝날 것이라고 내게 장담했다.
→ 문장 속의 assure은 '장담하다, 확신을 주다'란 의미이므로 (b) promised(약속했다)가 정답이다.

유사어 및 기출 어휘

표제어와 연관된 유사 어휘를 수록하였습니다. 유사어 중에서 기출로 출제된 어휘는 이탤릭 서체로 표기하였습니다.

지텔프 동의어 이렇게 출제된다

표제어와 연관된 지텔프 동의어 문제를 수록하였습니다. 실전에서는 어떤 유형으로 출제되는지 실전 연습을 해 볼 수 있습니다.

표제어 & 우리말 MP3

각 표제어와 우리말 뜻 MP3를 QR코드를 스캔하거나 넥서스 홈페이지(www.nexusbook.com)에서 다운로드해서 들을 수 있습니다.

지텔프란?

G-TELP(General Tests of English Language Proficiency)는 국제테스트 연구원(ITSC, International Testing Services Center)에서 주관하는 글로벌 영어 능력 평가인증시험입니다. 우리나라에는 1986년에 G-TELP KOREA가 설립되었으며, 듣기(Listening), 말하기(Speaking), 쓰기(Writing), 읽기(Reading) 등 언어의 4대 영역을 종합 평가하는 영어 평가 교육 시스템으로 자리 잡았습니다. 현재는 공무원, 군무원, 소방, 경찰 등 국가고시 영어대체시험, 기업체의 신입사원 채용 및 인사, 승진 평가시험, 대학교, 대학원 졸업자격 영어대체시험 등으로 활용되고 있습니다.

○ 지텔프의 종류

지텔프는 문법, 독해, 청취를 평가하는 G-TELP Level Test(GLT), 말하기 시험인 G-TELP Speaking Test(GST), 작문 시험인 G-TELP Writing Test(GWT)로 구성되어 있습니다. G-TELP Level Test(GLT)는 Level 1부터 5까지 다섯 가지 등급으로 나뉘며, 우리나라에서는 Level 2가 활용되고 있습니다.

구분	출제 방식 및 시간	평가 기준	합격자의 영어 구사 능력	응시 자격
Level 1	청취: 30문항/약 30분 독해 및 어휘: 60문항/70분 합계: 90문항/약 100분	Native Speaker에 준하는 영어 능력 : 상담, 토론 가능	· 모국어로 하는 외국인과 거의 대등한 의사소통이 가능 · 국제회의 통역도 가능한 수준	Level 2 Mastery 취득 자에 한하여 응시 가능
Level 2	문법: 26문항/20분 청취: 26문항/약 30분 독해 및 어휘: 28문항/40분 합계: 80문항/약 90분	다양한 상황에서 대화 가능: 업무상담 및 해외연수 등이 가능한 수준	· 일상 생활 및 업무 상담 등에서 어려움 없이 의사소통할 수 있는 수준 · 외국인과의 회의 및 세미나 참석, 해외 연수 등이 가능한 수준	제한 없음
Level 3	문법: 22문항/20분 청취: 24문항/약 20분 독해 및 어휘: 24문항/40분 합계: 70문항/약80분	간단한 의사소통과 친숙한 상태에서의 단순 대화 가능	· 간단한 의사소통과 친숙한 상태에서의 단순한 대화가 가능한 수준 · 해외 여행과 단순한 업무 출장을 할 수 있는 수준	제한 없음
Level 4	문법: 20문항/20분 청취: 20문항/약 15분 독해 및 어휘: 20문항/25분 합계: 60문항/약 60분	기본적인 문장을 통해 최소한의 의사소통이 가능한 수준	· 기본적인 어휘의 짧은 문장을 통해 최소한의 의사소통이 가능한 수준 · 외국인이 자주 반복하거나 부연 설명을 해 주어야 이해할 수 있는 수준	제한 없음
Level 5	문법: 16문항/15분 청취: 16문항/약 15분 독해 및 어휘: 18문항/25분 합계: 50문항/약 55분	극히 초보적인 수준의 의사소통 가능	· 영어 초보자 · 일상의 인사, 소개 등을 듣고, 이해할 수 있는 수준 · 말 또는 글을 통한 자기 표현은 거의 불가능한 수준	제한 없음

● 지텔프 Level 2 구성

영역	내용	문항 수	배점	시간
문법	가정법, 조동사, 시제, 부정사와 동명사, 관계사, 연결어	26개	100점	
청취	PART 1 개인적인 이야기 PART 2 특정한 상품을 추천하는 공식적인 담화 PART 3 어떤 결정에 이르고자 하는 비공식적인 협상 등의 대화 PART 4 일반적인 어떤 일의 진행이나 과정에 대한 설명	7개 6개 6 또는 7개 7 또는 6개	100점	영역별 시간 제한 규정 폐지
독해와 어휘	PART 1 과거 역사 속의 사건이나 현시대의 이야기 PART 2 최근의 사회적이고 기술적인 묘사에 초점을 맞춘 기사 PART 3 전문적인 것이 아닌 일반적인 내용의 백과사전 PART 4 어떤 것을 설명하거나 설득하는 상업서신	7개 7개 7개 7개	100점	
		80문항	300점	약 90분

● 성적 계산법

점수는 다음과 같은 방식으로 산출할 수 있습니다.

> **각 영역별 점수:** 맞힌 개수 ÷ 문제 개수 × 100(소수점 이하는 반올림)
>
> **활용 점수:** 전체 맞힌 개수 ÷ 전체 문제 개수 × 100(소수점 이하는 올림)
>
> **예** 문법 15개, 청취 7개, 독해 8개 맞혔을 경우,
>
> 문법 15 ÷ 26 × 100 = 58점 / 청취 7 ÷ 26 × 100 = 27점 / 독해 8 ÷ 28 × 100 = 29점
>
> → 총점: 30(전체 맞힌 개수) ÷ 80(전체 문항 수) × 100 = 38점

* 정답 개수만 입력하면, 정확한 점수 계산을 할 수 있는 〈점수 계산기〉가 있습니다.
　공단기 · 소방단기 · 경단기 홈페이지 〉 교수님 〉 정재현 선택 〉 좌측 하단 '지텔프 점수 계산기' 선택

지텔프 시험 접수 & 성적 확인

● 원서 접수

· **인터넷 접수** www.g-telp.co.kr 에서 회원 가입을 하고 접수할 수 있습니다.

· **방문 접수** 지텔프 코리아 본사로 방문하여 접수할 수 있습니다. 토, 일, 공휴일에는 접수가 불가능하니 미리 전화를 하고 방문해야 합니다.

● 응시

· **응시일** 매월 2~3회 실시되며, 일요일 오후 3시에 시험이 시작됩니다. 정확한 일정은 지텔프 홈페이지에서 확인할 수 있습니다.

· **준비물** 신분증, 컴퓨터용 사인펜, 수정테이프, 시계

· **입실 시간** 시험 당일 오후 1시 20분에서 2시 49분까지 입실 가능하며 이후에는 절대 입실이 불가합니다.

· 수험표는 준비하지 않아도 됩니다.

· 신분증은 주민등록증, 운전면허증, 여권(기간 만료 전), 공무원증, 군인신분증, 학생증, 청소년증, 외국인등록증(외국인)이 인정됩니다. 신분증은 반드시 지참하여야 하며 미지참시 시험을 응시할 수 없습니다.

· 마킹은 컴퓨터용 사인펜만 가능합니다.

· 수정 시, 본인의 수정테이프를 사용해야 하며(수정액 사용 불가), 시험 도중에 타인에게 빌리는 행위는 부정행위로 처리됩니다.

● 시험 당일 주의 사항

1. 고사장 가기 전

· 신분증을 포함한 준비물을 다시 한번 확인합니다.

· 늦지 않게 시험 장소에 도착할 수 있도록 여유 있게 출발하는 것이 좋습니다.

2. 고사장 도착 후

· 1층에서 고사실 배치표를 확인하여 자신에게 배정된 고사실을 확인합니다.

· 고사실에는 각 응시자의 이름이 적힌 좌석표가 놓여 있으므로, 이름을 확인하고 배정된 자리
에 앉으면 됩니다.

· 시험 도중에는 화장실에 다녀올 수 없고, 만약 화장실에 가면 다시 입실할 수 없으므로 미리
다녀와야 합니다.

3. 시험 시

· 답안을 마킹할 시간을 따로 주지 않으므로 마킹 시간을 고려하여 문제를 풀어야 합니다.

· 시험지에 부정행위의 소지가 될 수 있는 마킹을 하는 것은 금지됩니다.

● 성적 확인

· **성적 발표일** 시험 후 1주 이내에 지텔프 홈페이지에서 확인할 수 있습니다.

· 성적표 수령 방법: 성적 확인 후 1회에 한하여 온라인으로 출력하거나 우편으로 수령할 수 있
으며, 수령 방법은 접수 시 선택할 수 있습니다. 성적은 시험일로 2년(특정 시험은 3년)까지
유효하며, 유효 기간이 지난 성적은 조회 및 재발급 신청이 불가능합니다.

노베이스를 위한
필수 기초 단어 300

지텔프 시험 매회마다 1~2회 이상 등장하는
출제 빈도 매우 높은 어휘들입니다.
가장 기초적인 어휘들을 수록하였으니.
체크박스를 활용하여 반복 암기해 주세요.

	finish [fíniʃ]	동 끝내다, 마치다	finish a report 보고서를 끝내다
	decide [disáid]	동 결정하다	finally decide 마침내 결정하다
	park [pɑ:rk]	명 공원 동 주차하다	a national park 국립공원
	narrow [nǽrou]	형 (폭이) 좁은	a narrow road 좁은 길
	prevent [privént]	동 막다, 방지하다	prevent a disaster 재해를 방지하다
	famous [féiməs]	형 유명한	a famous musician 유명한 음악가
	seed [si:d]	명 씨(앗)	sow seeds 씨를 뿌리다
	publish [pʌ́bliʃ]	동 출판[발행]하다	publish a book 책을 출판하다
	vacation [veikéiʃən]	명 휴가	a summer vacation 여름휴가
	device [diváis]	명 장치	safety devices 안전 장치
	character [kǽriktər]	명 성격; 등장인물	a main character 주인공
	feature [fí:tʃər]	명 특징 동 특별히 포함하다	a key feature 주요 특징 be featured in a magazine 잡지에 특집으로 실리다
	disease [dizí:z]	명 (질)병	heart disease 심장병
	item [áitem]	명 항목; 물품	food items 식품

☐	**cost** [kɔ(ː)st]	몡 비용 툉 비용이 들다	an additional cost 추가 비용
☐	**collect** [kálekt]	툉 모으다, 수집하다	collect stamps as a hobby 취미로 우표를 수집하다
☐	**purpose** [pə́ːrpəs]	몡 목적	a main purpose 주요 목적
☐	**advise** [ədváiz]	툉 조언하다	advise against smoking 금연하라고 조언하다
☐	**order** [ɔ́ːrdər]	몡 순서; 주문 툉 주문하다	order a meal 식사를 주문하다
☐	**always** [ɔ́ːlweiz]	뷔 항상, 언제나	always happy 언제나 행복한
☐	**own** [oun]	혱 자신의 툉 소유하다	one's own beliefs 자신의 신념 own a property 부동산을 소유하다
☐	**due to** [djuː tuː]	젠 ~로 인해, 때문에	due to bad weather 악천후로 인해
☐	**encourage** [inkə́ːriʤ]	툉 격려하다; 장려하다	be encouraged to attend 참석하도록 장려되다
☐	**buy** [bai]	툉 사다	buy a new car 새 차를 사다
☐	**degree** [digríː]	몡 (온도·각도의) 도; 학위	a master's degree 석사 학위
☐	**form** [fɔːrm]	몡 유형; 형태 툉 형성되다, 형성시키다	an art form 예술 형태
☐	**account** [əkáunt]	몡 계좌, 설명 툉 (for) 설명하다; 차지하다	an account balance 계좌 잔액 account for the movie's popularity 그 영화의 인기를 설명하다
☐	**consider** [kənsídər]	툉 고려하다	consider all possibilities 모든 가능성을 고려하다
☐	**private** [práivit]	혱 개인의, 사적인; 사립의	a private lesson 개인 교습 a private school 사립학교

concern [kənsə́:rn]	명 걱정, 우려; 관심사	express concern 우려를 표하다 a major concern 주요 관심사
produce [prádʒuːs]	동 생산하다	produce goods 제품을 생산하다
increase [inkríːs]	동 증가하다, 증가시키다 명 증가	increase sales 매출을 늘리다
mind [maind]	명 마음 동 꺼리다	read one's mind 마음을 읽다
quite [kwait]	부 꽤, 상당히	quite interesting 꽤 흥미로운
escape [iskéip]	동 탈출하다; 면하다	escape from a prison 탈옥하다 escape death 죽음을 면하다
search [səːrtʃ]	명 찾기; 검색 동 찾다	search for clues 단서를 찾다
finally [fáinəli]	부 마침내	finally arrive 마침내 도착하다
series [sí(ː)əriːz]	명 연속; 시리즈	a series of meetings 연이은 회의
useful [júːsfəl]	형 도움이 되는, 유용한	useful tips for managing stress 스트레스 관리에 유용한 팁
site [sait]	명 부지, 현장	a construction site 건설 현장
begin [bigín]	동 시작하다	begin a journey 여행을 시작하다
parent [pɛ́(ː)ərənt]	명 부모	elderly parents 노부모
natural [nǽtʃərəl]	형 자연의; 자연스러운	natural disaster 자연 재해
disappointed [dìsəpɔ́intid]	형 실망한, 낙담한	disappointed about the test results 시험 결과에 실망한

☐	**receive** [risí:v]	동 받다	receive a prize 상을 받다
☐	**age** [eidʒ]	명 나이; 시대 동 나이가 들다	at the age of 12 열두 살에
☐	**technology** [teknálədʒi]	명 기술	high technology 첨단 기술
☐	**carry** [kǽri]	동 나르다; 취급하다	carry passengers 승객들을 실어 나르다 carry shoes 신발을 취급하다[판매하다]
☐	**charming** [tʃáːrmiŋ]	형 매력적인	a charming voice 매력적인 목소리
☐	**directly** [diréktli]	부 직접	sell goods directly 제품을 직접 판매하다
☐	**environmental** [invàiərənméntəl]	형 환경의	environmental pollution 환경 오염
☐	**join** [dʒɔin]	동 가입하다; 함께 하다	join a sports club 스포츠 클럽에 가입하다
☐	**area** [ɛ́əriə]	명 지역; 구역	a desert area 사막 지역 a smoking area 흡연 구역
☐	**correct** [kərékt]	형 옳은, 정확한 동 바로잡다, 고치다	a correct answer 정답 correct mistakes 실수를 바로잡다
☐	**former** [fɔ́ːrmər]	형 (이)전의	the former president 전 대통령
☐	**participate** [pɑːrtísəpèit]	동 (in) 참여[참가]하다	participate in sports 운동 경기에 참가하다
☐	**lose** [luːz]	동 잃다; 지다	lose interest 흥미를 잃다
☐	**branch** [bræntʃ]	명 나뭇가지; 지점, 지사	a branch manager 지점장
☐	**describe** [diskráib]	동 묘사하다	describe a situation 상황을 묘사하다

last [læst]	형 지난 통 지속되다	last week 지난주 last longer 더 오래 지속되다
share [ʃɛər]	동 같이 쓰다; 나누다 명 몫	share a bed 침대를 같이 쓰다
necessary [nèsəséri]	형 필요한	a necessary condition 필요조건
study [stʌ́di]	동 공부하다 명 공부; 연구	study philosophy 철학을 공부하다 recent studies 최근 연구들
process [práses]	명 절차, 과정	a hiring process 채용 절차
award [əwɔ́:rd]	명 상 동 수여하다	win an award 상을 받다
find [faind]	동 찾다	find a job 일자리를 찾다
island [áilənd]	명 섬	a remote island 외딴 섬
avoid [əvɔ́id]	동 피하다; 막다, 방지하다	avoid conflict 갈등을 피하다
access [ǽksès]	명 접근, 이용 권한 동 접근하다, 이용하다	have access to documents 문서에 접근할 수 있다 easier access to the item 그 품목을 더 쉽게 이용
improve [imprú:v]	동 향상되다, 향상시키다	improve memory 기억력을 향상시키다
land [lænd]	명 땅 동 착륙하다	agricultural land 농경지
death [deθ]	명 죽음	sudden death 갑작스러운 죽음
reject [ridʒékt]	동 거절하다, 거부하다	reject a proposal 제안을 거절하다
fund [fʌnd]	명 기금 동 자금을 대다	raise funds 기금을 모으다

☐	**support** [səpɔ́:rt]	몡 지지[지원] 동 지지[지원]하다	financial support 재정적 지원
☐	**youth** [ju:θ]	몡 젊은 시절; 청소년	youth crime 청소년 범죄
☐	**fee** [fi:]	몡 요금, 비용	a subscription fee 구독료
☐	**electric** [iléktrik]	형 전기의	an electric car 전기 자동차
☐	**fail** [feil]	동 실패하다; (시험에서) 떨어지다	fail a test 시험에 떨어지다
☐	**result** [rizʌ́lt]	몡 결과 동 (in) 초래하다, 야기하다	the final result 최종 결과 result in injuries 부상을 초래하다
☐	**deal** [di:l]	동 (with) 다루다, 처리하다 몡 거래	deal with an issue 문제를 다루다
☐	**reach** [ri:tʃ]	동 도달하다, 이르다	reach a destination 목적지에 이르다
☐	**ordinary** [ɔ́:rdənèri]	형 보통의	ordinary citizens 일반 시민
☐	**dry** [drai]	형 마른, 건조한	dry skin 건조한 피부
☐	**effort** [éfərt]	몡 노력	make an effort 노력하다
☐	**worker** [wə́:rkər]	몡 노동자	skilled workers 숙련공
☐	**several** [sévərəl]	형 여럿의, 몇몇의	for several months 몇 달 동안
☐	**professor** [prəfésər]	몡 교수	an associate professor 부교수
☐	**discount** [diskáunt]	몡 할인	get a discount 할인을 받다

☐	**continue** [kəntínju(:)]	동 계속되다, 계속하다	continue to grow 계속 성장하다
☐	**repair** [ripέər]	동 수리하다 명 수리	a repair shop 수리점
☐	**shape** [ʃeip]	명 모양, 형태	body shape 체형
☐	**prepare** [pripέər]	동 준비하다	prepare a document 서류를 준비하다
☐	**keep** [ki:p]	동 유지하다	keep warm 따뜻함을 유지하다
☐	**offer** [ɔ́(:)fər]	동 제공하다 명 제의, 제안	offer a discount 할인을 제공하다 a job offer 일자리 제의
☐	**destroy** [distrɔ́i]	동 파괴하다	destroy a structure 건물을 파괴하다
☐	**daily** [déili]	형 매일의	daily life 일상생활
☐	**position** [pəzíʃən]	명 위치; 직위 동 두다, 위치시키다	a director position 이사직
☐	**analyze** [ǽnəlàiz]	동 분석하다	analyze data 자료를 분석하다
☐	**international** [ìntərnǽʃənəl]	형 국제적인	an international airport 국제공항
☐	**late** [leit]	형 늦은 부 늦게	arrive late 늦게 도착하다
☐	**watch** [watʃ]	동 (지켜)보다	watch a movie 영화를 보다
☐	**save** [seiv]	동 (위험 등으로부터) 구하다; (돈을) 모으다	save money 돈을 모으다
☐	**vote** [vout]	동 투표하다 명 투표	the right to vote 투표권

☐	**performance** [pərfɔ́ːrməns]	몡 공연; 실적	a live **performance** 라이브 공연 poor **performance** 실적 부진
☐	**play** [plei]	튕 (게임·경기 등을) 하다 몡 (연)극	**play** football 축구를 하다
☐	**patient** [péiʃənt]	몡 환자 혱 참을성 있는	a cancer **patient** 암 환자
☐	**article** [áːrtikl]	몡 글, 기사	a newspaper **article** 신문 기사
☐	**through** [θruː]	젠 ~을 통해	look **through** the window 창문을 통해 보다 contact **through** email 이메일을 통해 연락하다
☐	**ask** [æsk]	튕 묻다; 요청하다	**ask** a question 질문을 하다 **ask** for advice 조언을 구하다
☐	**planet** [plǽnit]	몡 행성	the **planet** Venus 금성
☐	**feel** [fiːl]	튕 (감정·촉감 등을) 느끼다	**feel** comfortable 편안함을 느끼다
☐	**garden** [gáːrdən]	몡 정원, 뜰	a back **garden** 뒤뜰
☐	**compare** [kəmpɛ́ər]	튕 비교하다	**compare** A with B A와 B를 비교하다
☐	**rich** [ritʃ]	혱 부유한; 풍부한	**rich** in vitamin 비타민이 풍부한
☐	**lesson** [lésən]	몡 수업	piano **lessons** 피아노 수업
☐	**pay** [pei]	튕 (돈을) 지불하다	**pay** for tuition 수업료를 지불하다
☐	**expect** [ikspékt]	튕 기대하다, 예상하다	**expect** a change 변화를 기대하다
☐	**become** [bikʌ́m]	튕 ~가 되다; ~해지다	**become** a singer 가수가 되다 **become** famous 유명해지다

efficient [ifíʃənt]	형 효율적인	efficient operation 효율적인 운영
activity [æktívəti]	명 활동	outdoor activities 야외 활동
popular [pápjələr]	형 인기 있는; 대중의	popular music 대중음악
product [prádəkt]	명 제품	a new product 신제품
information [ìnfərméiʃən]	명 정보	useful information 유용한 정보
cause [kɔːz]	동 초래하다, 야기하다 명 원인	cause a disease 병을 초래하다 cause and effect 원인과 결과
spend [spend]	동 (돈·시간 등을) 쓰다	spend money 돈을 쓰다
medical [médikəl]	형 의학적인	medical care 치료
break [breik]	동 깨지다, 깨다 명 휴식	break the ice 얼음을 깨다 take a break 휴식을 취하다
report [ripɔ́ːrt]	명 보고(서) 동 보도하다	an annual report 연간 보고서
announce [ənáuns]	동 발표하다, 알리다	announce a project 프로젝트를 발표하다
role [roul]	명 역할; 배역	play an important role in establishing the company 회사를 설립하는 데 중요한 역할을 하다
life [laif]	명 인생; 생명(체); 생활	marine life 해양 생물 college life 대학 생활
whole [houl]	형 전체의	the whole family 온 가족
almost [ɔ́ːlmoust]	부 거의	almost impossible 거의 불가능한

foreign [fɔ́:rin]	형 외국의	a foreign company 외국계 회사	
protect [prətékt]	동 보호하다	protect one's privacy 사생활을 보호하다	
experiment [ikspérəmənt]	명 실험 동 실험하다	a scientific experiment 과학 실험	
catch [kætʃ]	동 잡다	catch a prey 먹이를 잡다	
cancel [kǽnsəl]	동 취소하다	cancel a scheduled meeting 예정된 회의를 취소하다	
remember [rimémbər]	동 기억하다	remember one's name 이름을 기억하다	
close [klouz] / [klous]	동 닫다 형 (위치·시간 등이) 가까운	close a window 창문을 닫다 be close to each other 서로 가까이 있다	
miss [mis]	동 놓치다; 그리워하다	miss a chance 기회를 놓치다	
serve [sə:rv]	동 (음식을) 제공하다; (as) ~의 역할을 하다	serve dinner 저녁식사를 제공하다	
source [sɔ:rs]	명 원천, 근원	a food source 식량원	
ancient [éinʃənt]	형 고대의; 아주 오래된	an ancient structure 고대 건축물	
interest [íntərəst]	명 흥미	show an interest 흥미를 보이다	
bold [bould]	형 대담한, 과감한	a bold move 대담한 조치	
available [əvéiləbl]	형 이용 가능한; 시간이 있는	available resources 이용 가능한 자원	
comfortable [kʌ́mfərtəbl]	형 편(안)한	comfortable shoes 편한 신발	

visit [vízit]	동 방문하다 명 방문	visit a museum 박물관을 방문하다
public [pʌ́blik]	형 대중의; 공공의 명 대중	public transportation 대중교통
crime [kraim]	명 범죄	commit a crime 범죄를 저지르다
human [hjúːmən]	형 인간의 명 인간	the human body 인체
usually [júːʒuəli]	부 보통, 대개	usually sleep at 12 p.m. 보통 밤 12시에 자다
exactly [igzǽktli]	부 정확히	know exactly 정확히 알다
board [bɔːrd]	명 판자; 이사회 동 탑승하다	chairman of the board 이사장
later [léitər]	부 후에, 나중에	four years later 4년 후에
gain [gein]	동 얻다 명 이익; 증가	gain popularity 인기를 얻다
charge [tʃɑːrdʒ]	명 요금 동 (요금을) 청구하다	electric charge 전기 요금
complain [kəmpléin]	동 불평하다	complain about the noise 소음에 대해 불평하다
choose [tʃuːz]	동 선택하다	choose between A and B A와 B 중 하나를 선택하다
important [impɔ́ːrtənt]	형 중요한	an important figure 주요 인물
spread [spred]	동 퍼지다, 퍼뜨리다	spread rumors 루머를 퍼뜨리다
competition [kàmpitíʃən]	명 경쟁; 대회	stiff competition 치열한 경쟁 a national competition 전국 대회

low [lou]	형 낮은	low temperature 저온
treat [triːt]	동 대하다; 치료하다 명 선물, 대접	be treated with respect 정중한 대우를 받다 treat a patient 환자를 치료하다
change [tʃeindʒ]	명 변화 동 바뀌다, 바꾸다	climate change 기후 변화 change one's mind 마음을 바꾸다
problem [prábləm]	명 문제	resolve a problem 문제를 해결하다
safe [seif]	형 안전한	safe chemicals 안전한 화학물질
giant [dʒáiənt]	형 거대한	a giant tree 거대한 나무
force [fɔːrs]	동 강요하다 명 힘	be forced to work 일하도록 강요받다
contain [kəntéin]	동 포함하다, 들어 있다	contain dangerous substances 위험물이 들어 있다
goal [goul]	명 득점; 목표	achieve a goal 목표를 달성하다
firm [fəːrm]	명 회사 형 단단한	a law firm 법률 사무소
discuss [diskʌ́s]	동 논의하다	discuss details 세부사항을 논의하다
people [píːpl]	명 사람들	young people 젊은이들
allow [əláu]	동 허락하다, 허용하다	allow eating 취식을 허용하다
review [rivjúː]	명 검토; 비평 동 검토하다	a book review 서평
provide [prəváid]	동 제공하다	provide repair services 수리 서비스를 제공하다

race [reis]	몡 경주; 인종	a race car 경주용 자동차
select [silékt]	툉 선택하다, 고르다	select a movie 영화를 고르다
need [ni:d]	툉 필요하다 몡 필요	need help 도움이 필요하다
satisfied [sǽtisfàid]	혱 만족한	be satisfied with the result 결과에 만족하다
favorite [féivərit]	혱 가장 좋아하는	favorite food 가장 좋아하는 음식
contact [kɑ́ntækt]	몡 연락 툉 연락하다	contact information 연락처
alive [əláiv]	혱 살아 있는	still alive 여전히 살아 있는
certain [sə́:rtən]	혱 확신하는; 어떤, 특정한	in certain circumstances 특정 상황에서
grow [grou]	툉 자라다, 성장하다	grow rapidly 급성장하다
material [mətí(:)əriəl]	몡 재료; 자재	learning materials 학습 자료
light [lait]	몡 빛 혱 밝은	natural light 자연광
serious [sí(:)əriəs]	혱 심각한	a serious illness 중병
hurt [hə:rt]	툉 다치게 하다; 아프다 혱 다친	be seriously hurt 중상을 입다
recommend [rèkəménd]	툉 권하다	strongly recommend 강력히 권하다
return [ritə́:rn]	툉 돌아오다[가다] 몡 돌아옴[감]	return home 귀가[귀국/귀향]하다
mention [ménʃən]	툉 언급하다	mention one's name 이름을 언급하다

director [diréktər]	명 책임자; 감독	marketing director 마케팅 책임자 a film director 영화 감독
event [ivént]	명 사건; 행사	a charity event 자선 행사
influence [ínfluəns]	명 영향(력) 동 영향을 미치다	the influence of the media 미디어의 영향력 influence people's behaviors 사람들의 행동에 영향을 미치다
document [dákjəmənt]	명 서류, 문서 동 기록하다	print a document 문서를 출력하다
nearly [níərli]	부 거의	nearly double 거의 두 배가 되다
borrow [bárou]	동 빌리다	borrow money 돈을 빌리다
local [lóukəl]	형 지역의	local communities 지역 사회
build [bild]	동 (건물을) 짓다	build a house 집을 짓다
plant [plænt]	명 식물 동 심다	plant species 식물종
enjoy [indʒɔ́i]	동 즐기다	enjoy freedom 자유를 즐기다
recently [rí:səntli]	부 최근에	a recently opened restaurant 최근에 개업한 식당
still [stil]	부 아직, 여전히	still unknown 아직 알려지지 않은
population [pùpjəléiʃən]	명 인구	population growth 인구 증가
claim [kleim]	동 주장하다, 요구하다 명 주장	claim a reward 보상을 요구하다
examine [igzǽmin]	동 조사하다	examine the crime scene 범죄 현장을 조사하다

☐	**relate** [riléit]	동 관련되다, 관련시키다	be closely related to health 건강과 밀접한 관련이 있다
☐	**novel** [návəl]	명 소설	fantasy novels 판타지 소설
☐	**field** [fi:ld]	명 들판; 분야	in the field of economics 경제 분야에서
☐	**take** [teik]	동 데려[가져]가다; 타다	take A to B A를 B로 데려[가져]가다 take the subway 지하철을 타다
☐	**language** [læŋgwidʒ]	명 언어	native language 모국어
☐	**risk** [risk]	명 위험	take a risk 위험을 감수하다
☐	**follow** [fálou]	동 따라가다	follow a sign 표지판을 따라가다
☐	**reason** [rí:zən]	명 이유	a good reason 타당한 이유
☐	**difficult** [dífəkλlt]	형 어려운	a difficult task 어려운 과제
☐	**base** [beis]	동 기반을 두다 명 (사물의) 밑부분	be based on facts 사실에 근거하다
☐	**physical** [fízikəl]	형 신체의; 물질의	a physical activity 신체 활동
☐	**turn** [tə:rn]	동 돌다, 돌리다	turn one's head 고개를 돌리다
☐	**launch** [lɔ:ntʃ]	동 시작하다; 출시하다	launch a product 제품을 출시하다
☐	**temperature** [témpərətʃər]	명 온도	body temperature 체온
☐	**abroad** [əbrɔ́:d]	부 해외로	travel abroad 해외여행을 하다

display [displéi]	📕 전시, 진열 📗 전시하다	a display case 진열장
behavior [bihéivjər]	📕 행동	violent behavior 폭력적인 행동
complete [kəmplíːt]	📘 완전한, 완벽한 📗 완료하다	complete control 완전한 통제 complete a task 임무를 완수하다
without [wiðáut]	📙 ~없이	without difficulty 어려움 없이
clothes [klouðz]	📕 옷	casual clothes 평상복
lead [liːd]	📗 이끌다	lead a team 팀을 이끌다
involve [inválv]	📗 수반하다; 관여하다	get involved in politics 정치에 관여하다
separate [sépərit] / [sépərèit]	📘 분리된 📗 분리하다	be separated from the family 가족과 헤어지다
invite [inváit]	📗 초대하다	invite A to B A를 B에 초대하다
quality [kwáləti]	📕 (품)질	high quality 고품질
waste [weist]	📘 낭비; 쓰레기 📗 낭비하다	a waste of time 시간 낭비 dump nuclear waste 핵폐기물을 버리다
unique [juːníːk]	📘 독특한	a unique feature 독특한 특징
common [kámən]	📘 흔한; 공통의, 공동의	a common mistake 흔한 실수 a common goal 공동의 목표
different [difərənt]	📘 다른	completely different 완전히 다른
policy [pálisi]	📕 정책	foreign policy 외교 정책

☐	**stage** [steidʒ]	명 단계; 무대	the final stage of a project 프로젝트의 마지막 단계 stage lighting 무대 조명
☐	**dangerous** [déindʒərəs]	형 위험한	dangerous chemicals 위험한 화학물질
☐	**learn** [ləːrn]	동 배우다	learn about art 예술에 대해 배우다
☐	**scene** [siːn]	명 장면; (업)계	the music scene 음악계
☐	**realize** [ríː(ː)əlàiz]	동 깨닫다; 실현하다	realize one's mistake 잘못을 깨닫다
☐	**sell** [sel]	동 팔다	sell one's house 집을 팔다
☐	**eventually** [ivéntʃuəli]	부 결국, 마침내	eventually become a CEO 마침내 최고 경영자가 되다
☐	**children** [tʃíldrən]	명 아이들	protect children 아이들을 보호하다
☐	**suggest** [səgdʒést]	동 제안하다	suggest postponing the meeting 회의를 연기하는 것을 제안하다
☐	**company** [kʌ́mpəni]	명 회사	a publishing company 출판사
☐	**feed** [fiːd]	동 먹이다	feed on fish 물고기를 먹고 살다
☐	**appointment** [əpɔ́intmənt]	명 약속, 예약	a dental appointment 치과 진료 예약
☐	**control** [kəntróul]	명 통제 동 통제하다	under control 통제하에
☐	**present** [prézənt] / [prizént]	형 현재의 동 수여하다	the present day 오늘날 present an award 상을 수여하다
☐	**department** [dipáːrtmənt]	명 부(서)	the HR department 인사과

industry [índəstri]	영 산업	the fashion industry 패션업계
heavy [hévi]	형 무거운; 심한	heavy machinery 중장비 heavy snow 폭설
customer [kʌ́stəmər]	영 고객, 손님	a regular customer 단골손님
personal [pə́rsənəl]	형 개인의	personal information 개인 정보
leave [liːv]	동 떠나다; 남기다 영 휴가	leave home 집을 떠나다
ground [graund]	영 땅, 지면	lie on the ground 땅바닥에 눕다
huge [hjuːʤ]	형 엄청난	a huge crowd 엄청난 군중
subject [sʌ́bʤikt]	영 주제, 화제; 과목	change the subject 화제를 바꾸다
practice [prǽktis]	영 연습 동 연습하다	basketball practice 농구 연습
modern [mɑ́dərn]	형 현대의	modern society 현대 사회
regular [régjələr]	형 정기적인; 규칙적인	regular checks 정기적인 점검
believe [bilíːv]	동 믿다	firmly believe 굳게 믿다
happen [hǽpən]	동 일어나다, 발생하다	nothing happens 아무 일도 일어나지 않다
traffic [trǽfik]	영 교통	heavy traffic 교통 체증
model [mɑ́dəl]	영 모형; (상품의) 모델	an airplane model 비행기 모형

☐	**clear** [kliər]	형 분명한, 명확한 동 치우다	a clear explanation 명확한 설명 clear the table 식탁을 치우다
☐	**look** [luk]	동 (찾아)보다; 보이다 명 외관, 외모	look for food 음식을 찾다 look like twins 쌍둥이처럼 보이다
☐	**store** [stɔːr]	명 가게, 상점 동 저장하다	a hardware store 철물점
☐	**develop** [divéləp]	동 발전하다, 발전시키다; 개발하다	develop the economy 경제를 발전시키다 develop new technology 신기술을 개발하다
☐	**government** [gʌ́vərnmənt]	명 정부	government officials 정부 관리[관료]
☐	**figure** [fígjər]	명 수치; 인물	a public figure 공인
☐	**social** [sóuʃəl]	형 사회의; 사회적인	social issues 사회 문제 social interactions 사회적 상호 작용
☐	**born** [bɔːrn]	형 태어난	be born in 2023 2023년에 태어나다
☐	**ready** [rédi]	형 (~할) 준비가 된	be ready for a challenge 도전할 준비가 되다
☐	**agree** [əgríː]	동 동의하다; 찬성하다	agree to a proposal 제안에 동의하다
☐	**probably** [prɑ́bəbli]	부 아마도	probably true 아마도 사실인
☐	**statue** [stǽtʃuː]	명 (조각)상	the Statue of Liberty 자유의 여신상
☐	**forward** [fɔ́ːrwərd]	부 앞으로	step forward 앞으로 나아가다
☐	**major** [méidʒər]	형 주요한, 큰	a major event 주요 사건
☐	**name** [neim]	명 이름 동 이름을 지어주다	a product named after its inventor 발명자의 이름을 딴 제품

straight [streit]	⊕ 똑바로; 연속으로 ⊛ 곧은, 직선의	for two hours straight 2시간 연속으로
condition [kəndíʃən]	⊛ 상태; 상황, 환경	in dry conditions 건조한 상태에서 working conditions 작업 환경
similar [símələr]	⊛ 비슷한	look similar 비슷하게 생기다
president [prézidənt]	⊛ 대통령; 회장	a company president 사장
deliver [dilívər]	⊛ 배달하다	deliver pizza 피자를 배달하다
weapon [wépən]	⊛ 무기	nuclear weapons 핵무기
record [rékərd] / [rikɔ́ːrd]	⊛ 기록 ⊛ 기록하다	a world record 세계 기록
object [ábdʒikt]	⊛ 물체; 목적	a solid object 단단한 물체
include [inklúːd]	⊛ 포함하다	include tax 세금을 포함하다
century [séntʃəri]	⊛ 세기, 100년	the early 20th century 20세기 초
possible [pásəbl]	⊛ 가능한	as soon as possible 가능한 한 빨리
bill [bil]	⊛ 고지서; 계산서	gas bills 가스 요금 고지서
design [dizáin]	⊛ 설계 ⊛ 설계하다	design a building 건물을 설계하다
move [muːv]	⊛ 이동하다	move abroad 해외로 이주하다
remain [riméin]	⊛ 계속[여전히] ~이다	remain a mystery 여전히 수수께끼이다

지텔프
빈출 어휘 1000

DAY 01~20

01
ensure
[inʃúər]

동 보장하다, 확실하게 하다   guarantee, make sure

ensure satisfactory results 만족할 만한 결과를 보장하다
ensure that the plants get enough water
식물이 충분한 물을 얻도록 확실히 하다

02
aware
[əwέər]

awareness 명 의식, 인식

형 알고 있는, 의식하고 있는   conscious

fully aware of the risk 위험을 충분히 알고 있는
aware that Sally is difficult to work with
샐리와 함께 일하기 어렵다는 것을 알고 있는

03
element
[éləmənt]

명 요인, 요소   factor, aspect, component

a key element in the relationship 관계의 핵심 요소

04
work
[wə:rk]

동 일하다, 근무하다	*serve*, be employed
동 작동하다	function, operate
명 일, 작업	task, job
명 작품, 저작물	piece, creation

prefer to work remotely 원격으로 일하는 것을 선호하다
study the works of Leonardo da Vinci
레오나르도 다빈치의 작품을 연구하다

> ☑ 지텔프 동의어 이렇게 출제된다
>
> Julie began to **work** as a nurse.
> (a) serve   (b) succeed
> 줄리는 간호사로 일하기 시작했다.
> → 문장 속의 work는 '일하다'란 의미이므로 (a) serve(근무하다, 복무 하다)가 정답이다.

05
initial
[iníʃəl]
initially ⓑ 처음에, 초기에

| ⓗ 처음의, 초기의 | first, early |

The **initial** response was encouraging.
초기 반응은 고무적이었다.

06
legal
[líːgəl]
⊜ illegal ⓗ 불법의

| ⓗ 법(률)의 | |
| ⓗ 합법적인 | lawful, legitimate |

avoid **legal** problems 법적인 문제를 피하다
a **legal** way of evading tax 합법적인 탈세 방법

07
remove
[rimúːv]
removal ⓗ 제거

| ⓓ 제거하다, 없애다 | eliminate, get rid of |

remove weeds regularly 잡초를 주기적으로 제거하다
remove the earrings before going to bed
자기 전에 귀걸이를 빼다

08
maintain
[meintéin]
maintenance ⓗ 유지 보수, 관리

| ⓓ 유지하다, 유지 관리하다 | keep, *uphold*, continue, sustain |

maintain high standards 높은 기준을 유지하다
maintain good health 좋은 건강을 유지하다

09
assure
[əʃúər]
assurance ⓗ 확신, 보장

| ⓓ 확신시키다, 장담하다 | convince, *promise*, persuade |

The restaurant **assured** customers that it will not raise the prices.
그 식당은 가격을 올리지 않을 것이라고 고객들에게 확신을 주었다.

☑ 지텔프 동의어 이렇게 출제된다

The mechanics **assured** me that the repair would be finished by Monday.
(a) undertook   (b) promised
정비사는 월요일까지 수리가 끝날 것이라고 내게 장담했다.
→ 문장 속의 assure은 '장담하다, 확신을 주다'란 의미이므로
  (b) promised(약속했다)가 정답이다.

10

knowledge
[nálidʒ]
knowledgeable 웹 해박한

명 지식	expertise

have extensive knowledge about history
역사에 대해 광범위한 지식을 가지고 있다

11

part
[pɑ:rt]

명 부분, 일부	piece, sector
명 부품	component, element

a key part of success 성공의 중요한 부분
sell automobile parts 자동차 부품을 판매하다

12

secure
[sikjúər]
securely 및 안전하게
security 명 보안, 경비

형 안정적인, 안전한	safe, *stable*
동 얻다, 확보하다	obtain, gain, acquire, *win*

secure a contract 계약을 따내다
be kept in a secure place 안전한 장소에 보관되다

> ☑ 지텔프 동의어 이렇게 출제된다
>
> Jack is looking for a secure job.
> (a) stable   (b) locked
> 잭은 안정적인 직업을 찾고 있다.
> → 문장 속의 secure는 '안정적인'이란 의미이므로 (a) stable(안정된, 안정적인)이 정답이다.

13

benefit
[bénəfit]
beneficial 형 이로운, 유익한

명 이점, 이득	advantage
동 이득을 얻다, 이득을 주다	

benefit from supporting the event 행사를 후원함으로써 이익을 얻다
provide many health benefits 많은 건강상의 이점을 제공하다

14

aspect
[æspekt]

명 측면, 면	feature, factor, element

the most important aspect of education
교육의 가장 중요한 측면

15
ability
[əbíləti]

| 명 능력 | capability |

ability to survive in the desert areas
사막 지역에서 살아남는 능력

16
function
[fʌ́ŋkʃən]

functional 형 기능적인, 작동되는

| 동 작동하다, 기능을 하다 | operate, run, perform, *serve* |
| 명 기능, 작용 | |

perform important functions 중요한 기능을 수행하다
The system functions effectively.
그 시스템은 효과적으로 작동한다.

17
seek
[si:k]

| 동 구하다, 찾다 | *pursue*, look for |

seek shelter inside a cave 동굴 안에서 피신처를 찾다
seek a solution to a problem 문제의 해결책을 찾다

18
surface
[sə́:rfis]

| 명 표면 | *face*, exterior, covering |

float on the surface of the water 물의 표면에 뜨다

☑ 지텔프 동의어 이렇게 출제된다

The **surface** of the coin was very clean.
(a) aspect   (b) face
동전의 표면은 매우 깨끗했다.
→ 문장 속의 surface는 '표면'이란 의미이므로 (b) face(면, 외관)가 정
   답이다.

19
resource
[rí:sɔ̀:rs]

| 명 자원, 자료 |

rich in natural resources 천연자원이 풍부한

20

address

동 [ədrés]
명 [ǽdres]

동 (문제 등) 다루다, 대처하다, 해결하다	*tackle*, *settle*, *resolve*
명 주소	
명 연설, 강연	*speech*, *talk*

address the problem promptly 문제를 신속히 해결하다

☑ **지텔프 동의어 이렇게 출제된다**

Our service team will **address** the issue promptly.
(a) resolve   (b) forward
저희 서비스 팀은 그 문제를 신속히 해결할 것입니다.
→ 문장 속의 address는 '다루다, 해결하다'라는 의미이므로
　(a) resolve(해결하다)가 정답이다.

21

affect

[əfékt]

affection 명 애정

| 동 영향을 미치다 | influence, impact |

be **affected** by climate change 기후 변화에 의해 영향을 받다

22

previous

[príːviəs]

previously 부 이전에

| 형 이전의, 예전의 | prior, earlier |

in accord with **previous** research 이전의 연구와 일치하는

23

reveal

[rivíːl]

| 동 밝히다, 드러내다 | unveil, disclose |

reveal the truth 진실을 밝히다
reveal a secret recipe 비밀 요리법을 밝히다

24

suffer

[sʌ́fər]

| 동 (고통, 어려움 등을) 겪다 | undergo |

suffer from a disease 질병으로 고통받다
suffer back injuries 허리 부상을 당하다

25
theory
[θí(:)əri]

명 이론, 학설

the **theory** of evolution 진화론

26
indicate
[índikèit]

indication **명** 조짐, 징후

동 (조사, 연구 등) 보여주다, 나타내다 | *suggest*, show, reveal, *signify*

Research **indicates** that sunshine can help you sleep better.
연구는 햇빛이 잠을 더 잘 자도록 도와줄 수 있다는 것을 보여주고 있다.

☑ 지텔프 동의어 이렇게 출제된다

Polls **indicate** that over 60% of the residents are against the policy.
(a) cover   (b) suggest
여론 조사에 따르면 주민의 60% 이상이 그 정책에 반대하는 것으로 나타났다.
→ 문장 속의 indicate는 '보여주다'라는 의미이므로 (b) suggest(보여주다, 나타내다)가 정답이다.

27
appropriate
[əpróupriət]

appropriately **부** 적절하게

형 적절한, 적합한 | suitable, right, relevant, proper

choose **appropriate** tools 적합한 도구를 고르다

28
circumstance
[sə́:rkəmstæns]

명 상황, 사정, 환경 | situation, condition

despite difficult **circumstances** 어려운 상황에도 불구하고

29
attitude
[ǽtitʃùːd]

명 태도, 사고방식 | stance, view, thinking

positive **attitude** toward everything 매사에 긍정적인 태도

30
economic
[ìːkənámik]

economical **형** 절약하는
economics **명** 경제학

형 경제의, 경제학의

steady **economic** growth 꾸준한 경제 성장

31
provision
[prəvíʒən]
provide 동 제공하다

명 공급, 제공	supply
명 조항, 규정	

the **provision** of solar energy to rural areas
농촌 지역에 대한 태양 에너지의 공급

32
region
[ríːdʒən]
regional 형 지역의, 지방의

명 지역, 지방	area, zone

Camels are found in desert **regions**.
낙타는 사막 지역에서 발견된다.

33
income
[ínkʌm]

명 수입, 소득	salary, earnings, revenue

earn additional **income** 추가적인 수입을 벌다

34
solid
[sálid]

형 단단한, 견고한, 굳건한	firm, concrete, strong, *sturdy*

need a **solid** foundation 단단한 기반을 필요로 하다
a **solid** reputation 탄탄한 명성

☑ 지텔프 동의어 이렇게 출제된다

This table has **solid** construction.
(a) sturdy   (b) pure
이 탁자는 견고한 구조를 가지고 있다.
→ 문장 속의 solid는 '견고한'이란 의미이므로 (a) sturdy(견고한, 튼튼한)가 정답이다.

35
specific
[spisífik]
specifically 부 특히, 구체적으로

형 구체적인, 특정한	particular, special

meet customers' **specific** needs
고객의 구체적인 욕구를 충족시키다
hire a **specific** race for the role
그 역할에 특정 인종을 고용하다

36
range
[reindʒ]

명 범위, 폭	*scope*
동 ~에서 ~의 범위에 이르다	

within the normal range 정상 범위에 있는
range from 1 to 3 meters in size 사이즈가 1에서 3미터 범위이다
숙어 a range of 다양한(= an array of)

37
professional
[prəféʃənəl]
professionally 부 프로답게, 프로처럼
profession 명 직업

형 전문가의, 전문가다운, 프로의	experienced, skilled
명 전문가, 전문직 종사자	

a former professional figure skater 전직 프로 피겨 스케이팅 선수

38
scheme
[ski:m]

명 계획	plan
명 계략, 책략	plot

a new scheme to develop local infrastructure
지역 기반 시설을 개발하기 위한 새로운 계획

39
authority
[əθɔ́:rəti]

명 권한, 권위, 권위자	
명 권한을 가진 사람, 당국	authorities

challenge governmental authority 정부의 권위에 도전하다
a church authority 교회 권위자
government authorities 정부 당국

40
state
[steit]
statement 명 발언, 성명

동 말하다, 진술하다	say, report
명 상태	*condition*
명 (행정 구역) 주	

The researcher stated that the study was a success.
그 연구자는 연구가 성공적이었다고 말했다.
the state of California 캘리포니아 주
in a state of shock 충격 받은 상태의

41

acquire
[əkwáiər]

동 습득하다	learn, attain
동 인수하다, 획득하다	land, gain, obtain, secure

acquire the ability to read at the age of seven
일곱 살에 읽을 수 있는 능력을 습득하다
acquire a company 회사를 인수하다

42

appoint
[əpɔ́int]

동 임명하다, 지명하다	*name, assign*

be appointed as chairman 의장으로 임명되다

☑ 지텔프 동의어 이렇게 출제된다

Serena Williams was **appointed** UNICEF's Goodwill Ambassador.
(a) decided   (b) named
세레나 윌리엄스는 유니세프의 친선대사로 임명되었다.
→ 문장 속의 appoint는 '임명하다'란 의미이므로 (b) named(임명된)
     가 정답이다.

43

adopt
[ədápt]
adoption 명 채택; 입양

동 채택하다, 택하다	choose, select, pick
동 입양하다	

adopt a new policy 새로운 정책을 채택하다
adopt children from abroad 해외에서 아이들을 입양하다

44

investigate
[invéstəgèit]
investigation 명 조사, 수사
investigator 명 수사관

동 조사하다, 수사하다	examine, inspect

investigate the cause of the accident
사고의 원인을 조사하다

45
capable
[kéipəbl]
capability 뗑 능력

| 뗑 ~할 능력이 있는 | able |

capable of learning new skills fast
새로운 기술을 빨리 배울 수 있는

46
declare
[diklέər]
declaration 뗑 선언, 선포

| 똥 선포하다, 선언하다 | announce |

declare bankruptcy 파산을 선언하다

47
crucial
[krú:ʃəl]

| 뗑 중대한, 매우 중요한 | vital, important, essential, critical |

a crucial aspect of life 인생의 중요한 측면

48
aim
[eim]

| 뗑 목표, 목적 | objective, goal, target |
| 똥 ~을 목표로 하다 | strive |

the aim of this study 이 연구의 목적
aim to bring the community together
공동체를 결속시키는 것을 목표로 하다

49
additional
[ədíʃənəl]
add 똥 추가하다
addition 뗑 추가, 추가된 것

| 뗑 추가의 | more, further, extra |

incur additional expenses 추가 비용이 들다

50
conflict
[kánflikt]
conflicting 뗑 모순된, 상반된

| 뗑 갈등, 대립 | opposition, dispute |

in conflict with some politicians 일부 정치인들과 대립하는

■ 해당 단어의 동의어를 찾아 연결하세요.

1 affect • • ⓐ pursue

2 assure • • ⓑ objective

3 aim • • ⓒ influence

4 address • • ⓓ promise

5 seek • • ⓔ settle

■ 밑줄 친 단어의 의미와 가장 유사한 단어를 고르세요.

6 **maintain** high educational standards

   (a) win   (b) uphold   (c) insist   (d) contend

7 refer to **previous** inspection results

   (a) ancient   (b) present   (c) elderly   (d) earlier

8 **secure** a certificate

   (a) protect   (b) preserve   (c) acquire   (d) fasten

9 recommend wearing **appropriate** shoes for the hiking trails

   (a) suitable   (b) sturdy   (c) precise   (d) snug

10 come in a wide **range** of sizes

   (a) scheme   (b) array   (c) series   (d) provision

Key Paraphrases

LEVEL UP +

패러프레이징 빈출 표현

패러프레이징은 비슷한 의미를 다른 표현으로 나타내는 방식입니다. 본문과 정답 보기에 알맞게 패러프레이징된 표현을 매칭하는 것은 지텔프 독해의 핵심 전략이므로, 패러프레이징 빈출 표현을 익혀 독해 만점에 도전해 봅시다. 48+점, 65+점 목표라면 꼭 암기하세요!

본문	Paraphrasing	정답	☑ 암기 끝!
celebration (축하 행사)	>>>	event (행사)	
challenge (어려움)	>>>	difficult (어려운)	
a novel (소설)	>>>	a book (책)	
game (게임)	>>>	entertainment (오락물)	
purchase (구매하다)	>>>	spend money (돈을 쓰다)	
tropical (열대의)	>>>	warm (따뜻한)	
sing (노래하다)	>>>	perform (공연하다)	
disease (병)	>>>	illness (병)	
calorie (칼로리)	>>>	energy (에너지)	
be back (돌아오다)	>>>	return (돌아오다)	
keep (보관하다)	>>>	hold (보관하다)	
far (거리가 먼)	>>>	distant (멀리 있는)	
lunch hours (점심 시간)	>>>	a mealtime (식사 시간)	
create (창출하다)	>>>	make (만들다)	
method (방법)	>>>	way (방법)	

01
apparent
[əpǽrənt]

apparently 🔂 명백히, 겉보기에는

| 형 분명한, 명백한 | obvious, *clear*, evident |

for no **apparent** reason 뚜렷한 이유 없이
It is **apparent** that Emma is deeply stressed.
엠마가 스트레스를 많이 받는 것이 분명하다.

02
credit
[krédit]

동 공로를 인정하다	
명 칭찬, 인정	praise, honor, recognition
명 신용	

Haley is **credited** with[for] boosting the team's confidence.
헤일리는 팀의 자신감을 높여준 공로를 인정받고 있다.
숙어 **be credited to** ~의 덕분이다(= be attributed to)

03
run
[rʌn]

동 운영하다	*manage*, operate
동 (대중교통 등) 운행하다	*operate*
동 (기계 등) 작동하다	work, function, operate

run an enterprise 기업을 경영하다
Some trains do not **run** on Sundays.
일부 기차는 일요일에는 운행하지 않는다.
숙어 **run out of** ~이 다 떨어지다, ~을 다 써버리다

☑ 지텔프 동의어 이렇게 출제된다

Recently, Josh started to **run** a café.
(a) race   (b) manage
최근에 조쉬는 카페를 운영하기 시작했다.
→ 문장 속의 run은 '운영하다'란 의미이므로 (b) manage(관리하다, 운영하다)가 정답이다.

04
define
[difáin]

definition ⑱ 규정, 정의

⑧ 규정하다, 정의하다	determine, establish

clearly **define** his career goals
그의 직업 목표를 명확히 정의하다

05
essential
[isénʃəl]

essence ⑱ 본질, 진수
essentially ⑨ 근본적으로, 본질적으로
(= basically)

⑲ 필수적인	vital, important, crucial, critical, key

A wide range of good bacteria is **essential** to our well-being.
다양한 종류의 좋은 박테리아는 우리의 건강에 필수적이다.

06
focus
[fóukəs]

⑧ 집중하다, 초점을 맞추다	concentrate, center
⑱ 집중, 중점	attention

focus on details 세부사항에 집중하다

07
consequence
[kánsəkwèns]

consequently ⑨ 그 결과, 결과적으로

⑱ 결과	result, outcome, *effect*

accept the **consequences** 결과를 받아들이다

08
assess
[əsés]

assessment ⑱ 평가, 판단

⑧ 평가하다, 판단하다	*rate*, estimate, evaluate
⑧ 산정하다	

assess the effectiveness of the training program
교육 프로그램의 효과를 평가하다

09
principle
[prínsəpl]

⑱ 원칙, 원리	concept, rule, standards

understand the general **principle** 전반적인 원칙을 이해하다

10
individual
[ìndəvídʒuəl]
individually ⓟ 개별적으로, 따로

| 몡 개인, 한 사람 | person |
| 혱 개인의, 개별의 | unique, separate |

meet customers' individual needs
고객의 개별 요구를 충족시키다
highly educated individuals 교육 수준이 높은 사람들

11
identify
[aidéntəfài]

| 됭 확인하다, 식별하다 | *recognize*, distinguish |
| 됭 밝혀내다, 알아내다 | determine, discover |

identify and arrest the suspects 용의자들을 확인하여 체포하다
identify the problems and take action
문제를 알아내고 조치를 취하다

☑ 지텔프 동의어 이렇게 출제된다

We could **identify** her as an FBI agent.
(a) recognize   (b) realize
우리는 그녀가 FBI 요원임을 알아볼 수 있었다.
→ 문장 속의 identify는 '식별하다, 알아보다'란 의미이므로
   (a) recognize(알아보다)가 정답이다.

12
situation
[sìtʃuéiʃən]
situate ⓢ 두다, 위치시키다

| 몡 상황, 환경 | state, conditions, circumstances |

deal with difficult situations
어려운 상황에 대처하다

13
aid
[eid]

| 몡 도움, 원조 | help, support, assistance, backing |
| 됭 돕다, 보조하다 | |

aid in the remodeling project 리모델링 사업을 돕다
Tea may aid concentration.
차는 집중에 도움이 될 수 있다.

14
achieve
[ətʃíːv]
achievement 圐 달성, 성취

동 달성하다, 성취하다 | accomplish, attain, reach, fulfil

achieve an objective 목적을 달성하다

15
conclusion
[kənklúːʒən]
conclude 동 결론을 내리다
(= finalize)

명 결론 | decision, agreement

명 마지막 단계, 결말

reach a **conclusion** (= come to a **conclusion**)
결론에 도달하다
conclusion of the novel 소설의 결말

16
method
[méθəd]

명 방법, 방식 | *means*, manner, way

apply a new **method** 새로운 방법을 적용하다

17
considerable
[kənsídərəbl]
considerate 형 사려 깊은
considerably 부 상당히, 꽤

형 상당한 | substantial, abundant, great

a **considerable** amount of information
상당한 양의 정보

18
concentrate
[kánsəntrèit]
concentration 명 집중; 밀집

동 집중하다 | focus, pay attention

concentrate only on important issues
중요한 문제에만 집중하다

19
personality
[pə̀rsənǽləti]

명 성격, 인격, 개성 | character, trait

have a warm **personality** 따뜻한 성격을 가지고 있다

20
reply
[riplái]

| 동 답하다, 대답하다 | answer, respond |
| 명 답장, 대답 | answer, response |

receive a prompt **reply** 빠른 대답을 받다

21
domestic
[dəméstik]

domestically 및 국내에서, 가정적으로

| 형 국내의 | |
| 형 가정의 | household |

boarding procedures for **domestic** flights
국내선 탑승 절차

22
cover
[kʌ́vər]

동 덮다, 가리다	hide, conceal
동 다루다	deal with
동 비용을 치르다[부담하다]	*pay*
명 덮개	
명 속임수, 위장	

get a tattoo to **cover** a scar 흉터를 가리기 위해 문신을 하다
cover travel expenses 출장 비용을 치르다

☑ 지텔프 동의어 이렇게 출제된다

The company will gladly **cover** all your lodging
expenses.
(a) protect　　　　(b) pay

당신의 모든 숙박비는 회사가 기꺼이 부담할 것입니다.

→ 문장 속의 cover는 '비용을 치르다[부담하다]'란 의미이므로
　(b) pay(지불하다)가 정답이다.

23

appearance

[əpí(:)ərəns]

appear 동 나타나다, 등장하다
(= debut); ~처럼 보이다(= seem)

| 명 외모, 외관 | look |
| 명 출연, 등장 | emergence, advent |

The product has an attractive appearance.
그 제품은 매력적인 외관을 가지고 있다.
make an appearance on a TV show TV 쇼에 등장하다

24

estimate

명 [éstəmət]
동 [éstəmèit]

estimation 명 평가; 추정

명 견적서	
명 추산, 추정	assessment
동 어림잡다, 추산하다	assess, guess

an estimate of the repair cost 수리비의 견적
estimate the population of elephants
코끼리의 개체 수를 추산하다

25

publicize

[páblisàiz]

publicity 명 (언론의) 관심, 평판; 홍보

| 동 선전하다, 알리다 | promote, advertise |

publicize her new book on her blog
그녀의 신간을 블로그에 알리다

26

component

[kəmpóunənt]

| 명 부품, 요소 | part, piece |

replace old components 오래된 부품을 교체하다

27

generate

[dʒénərèit]

generation 명 세대; 생성

| 동 창출하다, 발생시키다 | create |

generate a lot of revenue 많은 수익을 창출하다

28
draw
[drɔ:]

동 (관심 등) 끌다	*attract*
동 그리다	
명 추첨, 제비뽑기	raffle
명 무승부	

draw attention to environmental problems
환경 문제로 관심을 끌다

☑ 지텔프 동의어 이렇게 출제된다

The novel continues to **draw** people's interest.
(a) attract   (b) portray
그 소설은 계속해서 사람들의 관심을 끌고 있다.
→ 문장 속의 draw는 '(관심 등) 끌다'라는 의미이므로 (a) attract(끌다,
　　매료시키다)가 정답이다.

29
estate
[istéit]

명 재산, 사유지	property, asset, fortune

donate his entire estate 그의 전 재산을 기부하다
real estate 부동산

30
approach
[əpróutʃ]

명 접근법	way, means
명 다가감, 접근	
동 다가가다, 접근하다	near

a new approach to the study of grammar
문법 연구에 대한 새로운 접근법
Summer is approaching.
여름이 다가오고 있다.

31
alternative
[ɔːltə́ːrnətiv]
alternatively 튀 그 대신에

명 대안	substitute
형 대안의, 대체의	different, other

recommend an alternative way to lose weight
살을 빼는 다른 방법을 추천하다

32
capacity
[kəpǽsəti]

명 능력	ability
명 (공간의) 수용 능력, 용량	room
명 지위, 역할, 자격	*role*

increase the maximum server capacity
최대 서버 용량을 증가시키다

33
debate
[dibéit]

명 토론, 논쟁	dispute, discussion
동 토론하다, 논쟁하다	

spark a heated debate 열띤 토론을 불러일으키다

34
currency
[kə́ːrənsi]

명 통화, 화폐	money

buy foreign currency at the bank 은행에서 외화를 사다

35
face
[feis]

명 얼굴	
명 외관	exterior, outside
동 직면하다	confront, encounter, experience
동 받아들이다, 인정하다	

The company is facing new challenges.
그 회사는 새로운 도전에 직면해 있다.
face the truth 진실을 받아들이다

36
deny
[dináɪ]
denial 몡 부정, 부인

통 부정하다, 부인하다	
통 거부하다	reject

deny cheating during the exam 시험 중 부정행위를 부인하다
Access to the documents was denied.
문서에 대한 접근이 거부되었다.

37
justice
[dʒʌstɪs]
injustice 몡 불공평, 부당함

몡 공정, 정의	fairness

explore the theme of social justice
사회 정의의 주제를 탐구하다

38
decade
[dékeɪd]

몡 10년	

in business for two decades 20년 동안 영업을 한

39
author
[ɔ́ːθər]

몡 저자, 작가	writer

one of the best-selling authors 베스트셀러 작가 중 한 명

40
demonstrate
[démənstrèɪt]
demonstration 몡 입증; 시위, 데모

통 입증하다, 보여주다	prove, show

demonstrate a talent for leadership
리더십에 대한 재능을 보여주다

41
confirm
[kənfɔ́ːrm]
confirmation 몡 확인

통 확인하다, 인정하다	affirm, verify

There is no evidence to confirm the existence of
aliens.
외계인의 존재를 확인할 증거는 없다.

42
divided
[diváidid]

divide 동 나누다, 분배하다

| 형 갈라진, 나뉘어진, 분열된 | *split*, separated, *segmented* |

a religiously divided society 종교적으로 분열된 사회

☑ 지텔프 동의어 이렇게 출제된다

Insects are **divided** into three body parts.

(a) shared   (b) segmented

곤충들은 세 개의 신체 부위로 나뉜다.

→ 문장 속의 divided는 '나뉘어진'이란 의미이므로
  (b) segmented(분할된, 구분된)가 정답이다.

43
contemporary
[kəntémpərèri]

형 현대의	current, modern
형 동시대의	
명 동시대인	

The book is still enjoyed by contemporary readers.
그 책은 현대의 독자들에게 여전히 사랑받고 있다.

44
export
[ékspɔːrt]

import 형 수입
동 수입하다

| 명 수출 |
| 동 수출하다 |

export cars all over the world
자동차를 전 세계로 수출하다

45
conscious
[kánʃəs]

consciousness 명 의식, 인식
unconscious 형 의식이 없는;
무의식적인

| 형 의식하고 있는, 자각하는 | aware |

Grace is very conscious of her appearance.
그레이스는 자신의 외모를 매우 의식한다.

46

emphasis
[émfəsis]
emphasize 동 강조하다

명 강조, 중점	stress, importance

place emphasis on fresh ingredients
신선한 재료에 중점을 두다

47

emerge
[imə́:rdʒ]
emergence 명 발생, 출현

동 나타나다, 출현하다	appear

A ship emerged from the horizon.
배가 수평선에서 모습을 드러냈다.

48

hold
[hould]

동 잡다, 쥐다	carry, keep
동 유지하다	*keep*, maintain
동 담다, 수용하다	*store*, *contain*, accommodate
동 개최하다, 열다	conduct, run
동 보유하다	have, possess

The fabric held its shape even after being washed.
그 천은 세탁 후에도 모양을 유지했다.
hold a series of meetings
연달아 회의를 열다
hold a college degree
대학 학위를 보유하다

49

establish
[istǽbliʃ]

establishment 설립; 기관, 시설

| 동 세우다, 설립하다 | *erect*, found |
| 동 입증하다, 밝히다 | *demonstrate*, prove |

establish a church
교회를 설립하다

☑ 지텔프 동의어 이렇게 출제된다

The police **established** that Michael acted in self-defense.
(a) demonstrated (b) created

경찰은 마이클이 정당방위로 행동했다는 것을 입증했다.
→ 문장 속의 establish는 '입증하다, 밝히다'란 의미이므로
  (a) demonstrated(입증했다, 보여주었다)가 정답이다.

50

desire
[dizáiər]

desirable 형 바람직한

| 명 욕구, 갈망 | wish, hope, aspiration, longing |
| 동 바라다, 갈망하다 | want, *crave*, *demand*, request |

desire to be successful
성공하기를 갈망하다

■ 해당 단어의 동의어를 찾아 연결하세요.

1　focus　　•　　　　　　•　ⓐ split

2　apparent　•　　　　　　•　ⓑ found

3　divided　•　　　　　　•　ⓒ attract

4　establish　•　　　　　　•　ⓓ clear

5　draw　　•　　　　　　•　ⓔ concentrate

■ 밑줄 친 단어의 의미와 가장 유사한 단어를 고르세요.

6　against his moral **principles**
　(a) systems　　(b) emphasis　　(c) definition　　(d) standards

7　deserves the **credit** for securing the deal
　(a) recognition　(b) conclusion　(c) trust　　　(d) asset

8　**assess** the effectiveness of the new medication
　(a) demand　　(b) impose　　(c) evaluate　　(d) attract

9　try to **concentrate** on positive things
　(a) gather　　(b) focus　　(c) collect　　(d) approach

10　It seems impossible to get the software to **run**.
　(a) escape　　(b) rush　　(c) aid　　　(d) operate

Key Paraphrases

LEVEL UP⁺

_ □ ×

패러프레이징 빈출 표현

패러프레이징은 비슷한 의미를 다른 표현으로 나타내는 방식입니다. 본문과 정답 보기에 알맞게 패러프레이징된 표현을 매칭하는 것은 지텔프 독해의 핵심 전략이므로, 패러프레이징 빈출 표현을 익혀 독해 만점에 도전해 봅시다. 48+점, 65+점 목표라면 꼭 암기하세요!

본문	Paraphrasing	정답	☑ 암기 끝!
details (상세한 정보)	>>>	information (정보)	☐
relationship (관계)	>>>	link (연관성)	☐
transform (변신하다)	>>>	change (변하다)	☐
receipt (영수증)	>>>	invoice (송장, 청구서)	☐
produce (생산하다)	>>>	make (만들다)	☐
dry (건조한)	>>>	not moist (촉촉하지 않은)	☐
appearance (외모)	>>>	look (외모)	☐
widely popular (널리 인기 있는)	>>>	famous (유명한)	☐
a toaster (토스터기)	>>>	an appliance (가전제품)	☐
discount (할인)	>>>	a lower price (더 낮은 가격)	☐
advertise (광고하다)	>>>	promote (홍보하다)	☐
Hollywood stars (할리우드 스타들)	>>>	celebrities (유명인들)	☐
a theme (주제)	>>>	a subject (주제)	☐
approve (인정하다)	>>>	receive (받아들이다)	☐
rescue (구하다)	>>>	save (구하다)	☐

01
impact
[ímpækt]

명 영향	effect, influence
동 영향을 미치다	

find out how hormones impact behavior
호르몬이 행동에 어떻게 영향을 미치는지 알아내다

02
settle
[sétl]

settlement 명 해결, 합의; 정착

동 해결하다	*solve*, resolve
동 (빚 등) 청산하다	pay, clear
동 정착하다	

settle conflicts through listening 경청을 통해 갈등을 해결하다

> ☑ 지텔프 동의어 이렇게 출제된다
>
> Jason is trying to **settle** the mystery of the murder.
> (a) complete (b) solve
>
> 제이슨은 살인 사건의 미스터리를 해결하려 노력하고 있다.
>
> → 문장 속의 settle은 '해결하다'란 의미이므로 (b) solve(풀다, 해결하다)가 정답이다.

03
literature
[lítərətʃùər]

명 문학	
명 문헌, 논문, 자료	paper, thesis, dissertation

look for literature related to the topic of her thesis
그녀의 논문 주제와 관련된 문헌을 찾다

04
fundamental
[fʌ̀ndəméntəl]

형 근본적인, 본질적인	essential, primary, basic
명 근본, 핵심	

the fundamental cause of back pain
허리 통증의 근본적인 원인

05
air
[εər]

통 방송하다, 방영하다	*show*, broadcast, televise
명 공기	
명 항공, 비행기	

The show was aired in the early 1960s.
그 쇼는 1960년대 초에 방영되었다.
travel by air 항공 여행

06
impose
[impóuz]

통 (의무, 세금 등) 부과하다

impose a high tax on fuel 연료에 높은 세금을 부과하다

07
favor
[féivər]
favorite 형 가장 좋아하는

명 호의, 친절	kindness, politeness
통 선호하다	*prefer*

return the favor 호의를 되돌려주다, 보답하다
숙어 in favor of ~을 지지[찬성]하는

☑ **지텔프 동의어 이렇게 출제된다**

Mike **favors** loose-fitting and comfortable clothes.
(a) prefers   (b) helps
마이크는 헐렁하고 편안한 옷을 선호한다.
→ 문장 속의 favor는 '선호하다'란 의미이므로 (a) prefers(선호하다, 더 좋아하다)가 정답이다.

08
effect
[ifékt]
effective 형 효과적인

명 영향, 효과	impact, influence

have a negative effect 부정적인 영향을 끼치다

09
largely
[lá:rdʒli]
large 형 큰, 많은

부 대부분, 주로	mostly, mainly

The country is largely desert.
그 나라는 대부분 사막이다.

10
direction
[dirékʃən]

direct ⑱ 직접적인
⑧ 관리하다, 지휘하다

| ⑲ 방향 | course, path |
| ⑲ 지휘, 감독 | control, supervision, oversight |

move in the right direction
바른 방향으로 나아가다

11
manufacturer
[mænjəfǽktʃərər]

manufacture ⑧ 제조하다

| ⑲ 제조회사 | producer, maker |

make a complaint to the manufacturer 제조사에 항의하다

12
main
[mein]

mainly ⑮ 주로

| ⑱ 주된, 주요한 | major, leading, chief |

the main source of income 주요 수입원

13
leading
[líːdiŋ]

lead ⑧ 이끌다, 안내하다

| ⑱ 주도적인, 선도적인 | major, key, top, main |

one of the leading manufacturers of computer
equipment 컴퓨터 장비의 주요 제조업체 중 하나

14
decline
[dikláin]

⑲ 하락, 감소, 쇠퇴	decrease, deterioration
⑧ 하락[감소]하다, 쇠퇴하다	*fall*, drop, *decrease*, diminish, *worsen*
⑧ 거절하다	*refuse*, reject

decline a job offer 채용 제안을 거절하다
a gradual decline in population 인구의 점진적인 감소

> ### ☑ 지텔프 동의어 이렇게 출제된다
>
> The service quality of the restaurant **declined** steadily.
> (a) rejected   (b) worsened
> 그 식당의 서비스 질은 꾸준히 떨어졌다.
> → 문장 속의 decline은 '하락하다, 쇠퇴하다'란 의미이므로
>   (b) worsened(악화됐다)가 정답이다.

15
factor
[fǽktər]

명 요인, 요소	element, component

an important **factor** in his success
그의 성공에 있어 중요한 요소

16
location
[loukéiʃən]

명 위치, 장소	place, point

GPS allows users to determine their **location**.
GPS는 사용자들이 자신들의 위치를 알아낼 수 있게 해 준다.

17
negative
[négətiv]

형 부정적인	

leave a **negative** review 부정적인 평가를 남기다

18
wage
[weidʒ]

명 임금, 급료	payment, pay, income, *salary*

receive a 10% **wage** increase 10%의 임금 인상을 받다

19
limit
[límit]

limited 형 제한된, 한정된
limitation 명 한계, 제약

명 제한, 한도	maximum, restriction, ceiling
동 제한하다, 한정하다	*confine*, *curb*, *restrict*, restrain, control

limit caffeine intake to 200 mg a day
카페인 섭취량을 하루에 200mg으로 제한하다

☑ 지텔프 동의어 이렇게 출제된다

The use of cell phones is **limited** to business calls.
(a) selected   (b) confined
휴대폰의 사용은 업무상 통화로 제한된다.
→ 문장 속의 limit은 '제한하다'라는 의미이므로 (b) confined(제한된, 한정된)가 정답이다.

20
potential
[pətén∫əl]
potentially 🐾 잠재적으로

🔵 잠재적인	*possible*, likely, hidden
🟢 잠재력, 가능성	possibilities, ability, *promise*

We saw considerable potential in Andrea.
우리는 안드레아에게서 상당한 잠재력을 보았다.
potential danger 잠재적 위험

21
damage
[dǽmidʒ]
damaged 🔵 손상된, 파손된

🟢 손상, 피해	harm, destruction
🔴 손상을 입히다	*bust*, *injure*, *mar*

The earthquake caused great damage to the area.
지진은 그 지역에 큰 피해를 입혔다.

22
obvious
[ábviəs]
obviously 🐾 명백하게, 분명하게

🔵 명백한, 분명한	clear, apparent, evident

Sam has no obvious answers yet.
샘은 아직 명확한 답을 가지고 있지 않다.

23
legislation
[lèdʒisléi∫ən]

🟢 법률, 법률 제정	law, regulation

propose legislation on human rights
인권에 관한 법안을 제안하다

24
length
[leŋkθ]
long 🔵 (길이가) 긴

🟢 길이	
🟢 기간	duration, period

Dolphins are usually less than 3 meters in length.
돌고래는 보통 길이가 3미터 미만이다.

25
practical
[prǽktikəl]
practicality 🟢 실용성

🔵 현실적인, 실질적인	actual, realistic
🔵 실용적인	

need practical advice 현실적인 조언을 필요로 하다

26
relatively
[rélətivli]

relative 형 상대적인
형 친척

부 비교적, 상대적으로	comparatively, somewhat

The cat is a **relatively** small animal.
고양이는 비교적 작은 동물이다.

27
sort
[sɔːrt]

명 종류, 부류	
동 분류하다, 구분하다	

sort all the files by date 모든 파일을 날짜에 따라 분류하다

28
an array of
[əréi]

형 다양한	*a range of*

a wide **array of** cars from economy to sedan
이코노미에서 세단에 이르기까지 다양한 종류의 자동차

29
regarding
[rigáːrdiŋ]

전 ~에 관한, ~에 관해서	about, concerning, as to

complaints **regarding** the noise 소음에 대한 불만

30
release
[rilíːs]

동 풀어 주다, 놓아주다	free, liberate, *discharge*
동 공개하다, 발표하다	publish, *issue*
동 발매하다	launch, unveil
명 석방	liberation
명 공개, 발표	
명 발매	

release the fish back into the ocean
물고기를 바다로 다시 놓아주다
release a new video game 신작 비디오 게임을 발매하다

31
sequence
[síːkwəns]

| 명 차례, 순서 | *order* |
| 명 연속 | series, succession |

take the courses in sequence 순서대로 강좌를 듣다

32
measure
[méʒər]
measurement 명 측정; 치수

명 조치	
명 기준, 척도	
동 재다, 측정하다	
동 (치수) ~이다	

take safety measures 안전 조치를 취하다
measure the distance between two locations
두 지점 사이의 거리를 재다

33
scientific
[sàiəntífik]
science 명 과학

| 형 과학의, 과학적인 | |

based on scientific data 과학적인 데이터에 기초한

34
assign
[əsáin]
assignment 명 임무, 과제; 배정, 할당

| 동 <업무 등> 맡기다, 할당하다 | *give*, allocate, *delegate* |
| 동 선임하다, 임명하다 | *appoint*, elect |

assign Sean some household duties
션에게 일부 집안일을 할당하다

> ### ☑ 지텔프 동의어 이렇게 출제된다
>
> Justin was **assigned** as Executive Officer.
> (a) appointed   (b) given
> 저스틴은 임원으로 임명되었다.
> → 문장 속에서 assign은 '선임하다, 임명하다'라는 의미이므로 (a)
>   appointed(임명된)가 정답이다.

35
able
[éibl]
🔄 unable ~할 수 없는

🔵 ~할 수 있는	capable

able to work under pressure 중압감 속에서 일할 수 있는

36
technical
[téknikəl]

🔵 기술의, 기술적인	
🔵 전문적인	specialized

solve a **technical** problem 기술적인 문제를 해결하다
technical terms 전문 용어

37
origin
[ɔ́(:)ridʒin]
original 🔵 본래의, 최초의; 독창적인

🔵 기원, 근원	beginning, inception, source, progenitor

the **origin** of blue jeans 청바지의 기원

38
pollution
[pəljúːʃən]
pollute 🔵 오염시키다

🔵 오염, 더러움, 공해	contamination

take some measures to control **pollution**
오염을 억제하기 위해 조치를 취하다

39
permanent
[pə́ːrmənənt]

🔵 영원한, 영구적인	lasting, persistent
🔵 상근직의, 상임의	

permanent damage to the brain 뇌의 영구적인 손상

40
accept
[əksépt]
acceptance 🔵 수락, 받아들임

🔵 수락하다, 받아들이다	assume, bear

accept negative feedback 부정적인 의견을 받아들이다

41
edge
[edʒ]

| 명 가장자리, 끝 | limit, border |
| 명 우위, 유리함 | *advantage*, lead |

The café is situated at the water's edge.
그 카페는 물가에 위치해 있다.

42
rural
[rú(:)ərəl]

| 형 시골의, 지방의, 전원의 | rustic, country |

grow up in a rural town 시골 마을에서 자라다

43
occasional
[əkéiʒənəl]
occasionally 🔹 가끔, 때때로

| 형 가끔씩의 | casual, intermittent |

an occasional drink of alcohol 가끔씩 마시는 술

44
vary
[vέ(:)əri]
various 형 다양한 (= varying)

| 동 다양하다, (각기) 다르다 | differ |
| 동 다르게 하다 | change, alter, modify |

vary from person to person 사람마다 다르다

45
threat
[θret]
threaten 동 협박하다, 위협하다

| 명 협박, 위협 |

receive threats through social media
소셜 미디어를 통해 협박을 받다

46
diet
[dáiət]
dietary 📖 식사의

| 📖 식단, 식사 | food |

have a balanced diet 균형 잡힌 식사를 하다

47
not necessarily
[nèsəsérəli]
necessary 📖 필요한

| 📖 반드시 ~인 것은 아닌 |

Success does not necessarily lead to happiness.
성공이 반드시 행복으로 이어지는 것은 아니다.

48
departure
[dipá:rtʃər]
depart 📖 출발하다, 떠나다

| 📖 출발 | |
| 📖 벗어남, 일탈 | shift, deviation |

check the departure time 출발 시간을 확인하다
a significant departure from his previous painting style
그의 이전 화풍에서 크게 벗어남

49
authorize
[ɔ́:θəràiz]
authorization 📖 승인, 허가

| 📖 허가하다, 인가하다 | *allow*, permit, approve, sanction, endorse |

authorize the use of force 무력 사용을 허가하다

50
phase
[feiz]

| 📖 단계, 시기 | *stage*, state, step |

complete the first phase of the project
프로젝트의 첫 번째 단계를 완료하다

☑ 지텔프 동의어 이렇게 출제된다

The work will be done in four **phases**.
(a) stages   (b) features
그 작업은 4단계로 진행될 것이다.
→ 문장 속의 phase는 '단계'라는 의미이므로 (a) stages(단계, 국면)가
　정답이다.

■ 해당 단어의 동의어를 찾아 연결하세요.

1   assign   •

  • ⓐ prefer

2   impact   •

  • ⓑ appoint

3   favor   •

  • ⓒ fall

4   decline   •

  • ⓓ influence

5   settle   •

  • ⓔ solve

■ 밑줄 친 단어의 의미와 가장 유사한 단어를 고르세요.

6   send the item back to the **manufacturer**

   (a) designer   (b) holder   (c) distributor   (d) producer

7   **limit** the exposure to the sun

   (a) restrict   (b) counter   (c) contain   (d) fix

8   **assign** more responsibilities

   (a) choose   (b) settle   (c) give   (d) elect

9   **potential** problems with the new system

   (a) obvious   (b) possible   (c) leading   (d) later

10   arrange for the **release** of political prisoners

   (a) liberation   (b) delivery   (c) sequence   (d) length

Key Paraphrases

패러프레이징 빈출 표현

패러프레이징은 비슷한 의미를 다른 표현으로 나타내는 방식입니다. 본문과 정답 보기에 알맞게 패러프레이징된 표현을 매칭하는 것은 지텔프 독해의 핵심 전략이므로, 패러프레이징 빈출 표현을 익혀 독해 만점에 도전해 봅시다. 48＋점, 65＋점 목표라면 꼭 암기하세요!

본문	Paraphrasing	정답	☑ 암기 끝!
a store (상점)	⟫⟫	an establishment (시설, 상점)	☐
would rather (더 좋아하다)	⟫⟫	prefer (선호하다)	☐
a family nurse (가정 간호사)	⟫⟫	a caretaker (돌보는 사람)	☐
a worm (벌레)	⟫⟫	a creature (생명체)	☐
shopping centers (쇼핑센터)	⟫⟫	convenience (편의 시설)	☐
a promotion (홍보 행사)	⟫⟫	an offer (할인 행사)	☐
acquire (인수하다)	⟫⟫	buy (사다)	☐
shape (형태를 만들다)	⟫⟫	form (형성하다)	☐
a reasonable success (그런대로의 성공)	⟫⟫	a moderate success (보통의 성공)	☐
agreement (계약)	⟫⟫	contract (계약)	☐
refuse (거부하다)	⟫⟫	reject (거절하다)	☐
a substance (물질)	⟫⟫	a component (성분)	☐
aim (목표로 하다)	⟫⟫	seek (추구하다)	☐
rapidly (빠르게)	⟫⟫	quickly (재빨리)	☐
aggressive actions (공격적인 행동)	⟫⟫	vicious behavior (사나운 행동)	☐

01
encounter
[inkáuntər]

동 직면하다, 마주치다   face, **meet**, experience, confront

encounter various problems 여러 가지 문제에 직면하다

☑ 지텔프 동의어 이렇게 출제된다

William **encountered** bandits during the trip.
(a) fought   (b) met
윌리엄은 여행 중에 강도들과 마주쳤다.
→ 문장 속의 encounter는 '마주치다'라는 의미이므로 (b) met(만났다)
이 정답이다.

02
presence
[prézəns]

present **형** 참석한; 현재의
명 선물

명 존재, 있음, 참석   existence

명 (기업의) 입지, 영향력

have an international **presence** 전 세계에 존재하다

03
servant
[sə́ːrvənt]

serve **동** 음식을 제공하다;
근무하다, 일하다

명 종업원, 봉사자   attendant

명 하인

a public **servant** 공무원

04
vehicle
[víːikl]

명 차, 차량

the most popular electric **vehicle** 가장 인기 있는 전기차

05
welfare
[wélfɛ̀ər]

명 복지   wellbeing

be committed to improving children's **welfare**
아동 복지 향상에 힘쓰다

06
organization
[ɔ:rgənizéiʃən]

organize 통 조직하다, 준비하다;
정리하다

명 기구, 단체 | institution

a global organization that is committed to promoting peace 평화 증진에 전념하는 국제기구

07
immediately
[imí:diətli]

immediate 형 즉각적인, 당장의

부 즉시, 바로 | instantly, right away

immediately regret getting a tattoo
문신을 한 것을 즉시 후회하다

08
victim
[víktim]

명 피해자, 희생자 | casualty

provide assistance to the flood victims
홍수 피해자에게 도움을 주다

09
donate
[dóuneit]

donation 명 기부, 기증

동 기부하다, 기증하다 | contribute, give

donate organs after death 사후에 장기를 기증하다

10
supply
[səplái]

명 공급	provision
명 공급량	
동 공급하다, 제공하다	provide, give, equip

an abundant supply of food 음식의 충분한 공급
a shortage in blood supply 혈액 공급량의 부족

11
violent
[váiələnt]

violence 명 폭력, 난폭

형 폭력적인, 난폭한 | brutal

the increase in violent behavior 폭력적인 행동의 증가

12

further

[fə́:rðər]

형 추가의, 그 이상의	*additional*, more
부 더, 조금 더	
부 더 멀리	

provide **further** information 추가적인 정보를 제공하다

13

primary

[práimeri]

primarily 부 주로

형 주된, 주요한, 가장 중요한	main, chief, leading

the **primary** source of information 정보의 주요 출처

14

contribution

[kὰntrəbjúːʃən]

contribute 동 기여하다
contributor 명 (신문, 잡지 등) 기고자;
기여자

명 기여, 공헌, 기부	donation

significant **contributions** to society 사회에 대한 지대한 공헌

15

volunteer

[vὰləntíər]

voluntary 형 자발적인

명 자원자, 자원봉사자	
동 자원하다, 자원봉사하다	
동 제안하다, ~해 주겠다고 하다	offer

volunteer at an animal shelter 동물 보호소에서 자원봉사를 하다

☑ 지텔프 동의어 이렇게 출제된다

Hannah **volunteered** to help us clean up.
(a) offered   (b) provided
한나는 우리가 청소하는 것을 돕겠다고 제안했다.
→ 문장 속의 volunteer는 '제안하다, ~해 주겠다고 하다'라는 의미이므
로 (a) offered(제안했다)가 정답이다.

16

proper

[prάpər]

properly 부 알맞게, 적절하게

형 적절한, 올바른	appropriate, right, correct

proper arrangement of furniture 가구의 적절한 배치

17
procedure
[prəsíːdʒər]

명 절차, 수순, 순서	process, step

follow the proper **procedure** 적절한 절차를 따르다

18
recruit
[rikrúːt]
recruitment 명 신규 모집

통 채용하다, 뽑다, 모집하다	*gather*, draft, enlist
명 신입, 신병	apprentice, novice, beginner

recruit a new staff of engineers
새로운 기술자 직원들을 모집하다

19
volume
[váljuːm]

명 볼륨, 음량	
명 양, 용량	amount, quantity, capacity

the high **volume** of traffic downtown 시내의 많은 교통량

20
widely
[wáidli]
wide 형 (폭이) 넓은

부 널리, 광범위하게

an author of the **widely** popular books
널리 인기 있는 책의 저자

21
piece
[piːs]

명 조각, 부분	slice, fraction
명 작품	work

a **piece** of bread 빵 한 조각
buy a beautiful **piece** of art 아름다운 미술 작품을 사다

22
subsequent
[sʌ́bsikwənt]
subsequently 부 나중에

형 후속의, 다음의, 뒤이어 일어나는	following, consequent, *resulting*

be discussed in **subsequent** chapters
후속 챕터에서 논의되다

23

demand
[dimǽnd]

demanding 형 까다로운, 힘든

| 동 요구하다 | *require*, request, claim |
| 명 수요, 요구 | *desire*, need, *requirement* |

high demand for tickets 티켓에 대한 높은 수요

> ### ☑ 지텔프 동의어 이렇게 출제된다
>
> The population growth led to a huge demand for more housing.
> (a) requirement　　(b) surplus
> 인구 증가는 더 많은 주택에 대한 엄청난 수요로 이어졌다.
> → 문장 속의 demand는 '수요, 요구'란 의미이므로
> 　 (a) requirement(필요)가 정답이다.

24

strategy
[strǽtidʒi]

strategic 형 전략적인

| 명 전략 |

develop a new strategy to increase sales
판매를 늘리기 위한 새로운 전략을 개발하다

25

priority
[praiɔ́(ː)rəti]

prioritize 동 우선순위를 매기다

| 명 우선, 우선 사항 |

consider national security a top priority
국가 안보를 최우선으로 생각하다

26

proportion
[prəpɔ́ːrʃən]

| 명 비율, 비중 | amount, volume |

affect a large proportion of the population worldwide
전 세계 인구의 많은 비중에 영향을 끼치다

27

mysterious
[mistí(ː)əriəs]

mystery 명 미스터리, 수수께끼

| 형 불가사의한, 설명하기 힘든, 신비한 | puzzling, weird, strange |

the mysterious death of Princess Diana
다이애나비의 불가사의한 죽음

28
equip
[ikwíp]
equipment 명 장비, 설비

| 동 장비[설비]를 갖추게 하다 | **provide**, supply, furnish, outfit |

be **equipped** with a GPS system   GPS 시스템을 갖추다

☑ 지텔프 동의어 이렇게 출제된다

We need to **equip** the room with more chairs.
(a) furnish   (b) encounter
우리는 그 방에 의자를 더 구비해야 한다.
→ 문장 속의 equip은 '~을 갖추다'란 의미이므로 (a) furnish(가구를 비치하다, 갖추다)가 정답이다.

29
transport
[trǽnspɔ́:rt]
transportation 명 운송, 이동

| 동 운송하다, 옮기다 | deliver, transfer, |
| 명 운송, 수송 | |

transport medical equipment   의료 장비를 운반하다

30
publication
[pʌ̀bləkéiʃən]
publish 동 출판하다, 발행하다

| 명 출판, 발행 | |
| 명 간행물 | magazine, book, periodical |

the **publication** of a new book   새 책의 출판
make corporate **publications**   기업 간행물을 발행하다

31
ease
[i:z]

| 명 쉬움, 용이함 | comfort, relaxation |
| 동 덜다, 완화하다, 안정시키다 | relieve, alleviate, lessen, **calm** |

prefer the **ease** of shopping online
온라인 쇼핑의 용이성을 선호하다
ease traffic congestion   교통 체증을 완화하다

32
progress
[prágres]

| 명 진행, 진척, 발전 | advance, advancement |
| 동 진행하다, 나아가다 | proceed, continue |

make **progress** towards a goal 목표를 향해 나아가다

33
slightly
[sláitli]

slight 형 약간의, 근소한

| 부 약간, 근소하게 | marginally |

a **slightly** different opinion 약간 다른 의견

34
entire
[intáiər]

entirely 부 전적으로, 완전히

| 형 전체의 | whole, full |

sleep for an **entire** day 하루 종일 자다

35
discover
[diskÁvər]

discovery 명 발견

| 동 발견하다 | |
| 동 알아내다 | |

discover a body 시체를 발견하다

36
prospective
[prəspéktiv]

prospect 명 전망, 예상

| 형 장래의, 유망한 | potential, possible |

a **prospective** client 잠재 고객

37
audit
[ɔ́:dit]

auditor 명 감사원, 회계 감사원

| 명 감사, 회계감사 | |
| 동 회계감사를 하다 | inspect |

conduct an annual **audit** 연례 감사를 실시하다

38
relevant
[réləvənt]
relevance 🖲 관련, 관련성

| 🗟 적절한, 관련된 | related, pertinent |

include all the **relevant** information
모든 관련 정보를 포함하다

39
attempt
[ətémpt]

| 🗟 시도하다 | try |
| 🗟 시도, 노력 | try, effort |

attempt to climb over the fence
울타리를 넘어가려고 시도하다

40
endangered
[indéindʒərd]

| 🗟 멸종 위기에 처한 | |

protect **endangered** species
멸종 위기 종을 보호하다

41
substantial
[səbstǽnʃəl]
substantially 🖲 상당히, 꽤

| 🗟 상당한 | large, considerable, significant |

a **substantial** increase in the use of social media
소셜 미디어 사용의 상당한 증가

42
closely
[klóusli]

| 🗟 면밀하게, 꼼꼼하게 | carefully |
| 🗟 밀접하게, 긴밀하게 | |

be **closely** monitored by the government
정부에 의해 면밀히 감시되다
be **closely** related to
~와 밀접하게 연관되어 있다

43

proof
[pru:f]
prove 통 증명하다, 입증하다

명 증거	evidence, verification

show proof of purchase 구매 증명서를 제시하다

44

standard
[stǽndərd]
standardize 통 표준화하다

명 기준, 표준, 규격	*norm*, criterion
형 기준의, 표준의	

maintain standards of food safety
식품 안전 기준을 유지하다

45

status
[stéitəs]

명 지위, 위상	position, standing
명 상태, 상황	condition, development

fight for equal status 평등한 지위를 위해 싸우다
a patient's health status 환자의 건강 상태

46

taste
[teist]
tasty 형 맛있는

명 맛, 미각	flavor
명 취향, 기호	*liking*, preference
명 감각, 센스, 안목	judgment
동 맛보다, ~한 맛이 나다	

have good taste in art 예술에 대한 안목이 높다
The soup tastes delicious. 그 수프는 맛이 좋다.

☑ 지텔프 동의어 이렇게 출제된다

Frank has developed a **taste** for sushi.
(a) liking   (b) sample
프랭크는 초밥을 좋아하게 되었다.
→ 문장 속의 taste는 '취향, 기호'란 의미이므로 (a) liking(애호, 좋아함)
   이 정답이다.

47
ingredient
[ingríːdiənt]

| 몡 요리의 재료, 요소 | component, element |

mix all the ingredients together with both hands
양손으로 모든 요리 재료를 함께 섞다

48
succeed
[səksíːd]
success 몡 성공

| 통 성공하다 | *thrive* |
| 통 계승하다, 뒤를 잇다 | replace, follow |

succeed in finding a new job 새 직장을 구하는 데 성공하다
succeed his father as chairperson
의장으로서 아버지의 뒤를 잇다

49
classify
[klǽsəfài]
classification 몡 분류

| 통 분류하다 | categorize, *label*, sort |

be classified as endangered 멸종 위기 종으로 분류되다

50
sum
[sʌm]

| 몡 총합 | |
| 몡 액수, 금액 | |

cost a huge sum of money 거액의 돈이 들다

■ 해당 단어의 동의어를 찾아 연결하세요.

1	proper •	• ⓐ amount	
2	volume •	• ⓑ request	
3	supply •	• ⓒ appropriate	
4	succeed •	• ⓓ thrive	
5	demand •	• ⓔ provide	

■ 밑줄 친 단어의 의미와 가장 유사한 단어를 고르세요.

6 <u>closely</u> examine the issue

(a) slightly   (b) carefully   (c) widely   (d) exclusively

7 listen to music to **ease** his mind

(a) convey   (b) open   (c) calm   (d) weaken

8 produce a high **volume** of electric vehicles

(a) quality   (b) loudness   (c) transfer   (d) amount

9 make <u>substantial</u> changes to the company's policies

(a) considerable   (b) proper   (c) positive   (d) firm

10 **transport** a large amount of furniture

(a) remove   (b) deliver   (c) manufacture   (d) banish

Key Paraphrases

패러프레이징 빈출 표현

패러프레이징은 비슷한 의미를 다른 표현으로 나타내는 방식입니다. 본문과 정답 보기에 알맞게 패러프레이징된 표현을 매칭하는 것은 지텔프 독해의 핵심 전략이므로, 패러프레이징 빈출 표현을 익혀 독해 만점에 도전해 봅시다. 48＋점, 65＋점 목표라면 꼭 암기하세요!

본문	Paraphrasing	정답	☑ 암기 끝!
anniversary (기념일)	>>>	milestone (중요한 사건)	☐
shape (모양)	>>>	appearance (외관)	☐
attached (연결된)	>>>	connected (연결된)	☐
Artificial Intelligence (인공지능)	>>>	machines (기계)	☐
quit one's jobs (직장을 그만두다)	>>>	resign (사직하다)	☐
ban (막다)	>>>	limit (제한하다)	☐
background (배경)	>>>	experience (경력)	☐
promise (약속)	>>>	resolution (결심)	☐
be hunted (사냥 당하다)	>>>	be caught and killed (잡혀서 죽임을 당하다)	☐
Baptist minister (침례교 목사)	>>>	Preacher (목사)	☐
on time (제때)	>>>	promptly (제때에)	☐
bear similarities (유사점이 있다)	>>>	resemble (닮다)	☐
monitor (관찰하다)	>>>	keep track of (~을 계속 파악하다)	☐
biodegradable (생물분해성의)	>>>	can be broken down (분해될 수 있다)	☐
cease making (만드는 것을 중단하다)	>>>	discontinue (생산을 중단하다)	☐

01 experience
[ikspí(:)əriəns]

experienced 형 경험이 많은, 능숙한
(= seasoned)

명 경험	
동 경험하다, 겪다	

personal experience 개인적인 경험
experience pain 고통을 겪다

02 predator
[prédətər]

명 포식자	

escape from predators 포식자로부터 도망치다

03 respond
[rispánd]

response 명 반응, 대응; 응답

동 반응하다, 대응하다	react
동 응답하다	answer, reply

respond to a customer's complaint 고객의 항의에 대응하다
respond to messages 메시지에 응답하다

04 tough
[tʌf]

형 어려운, 힘든	hard, harsh
형 강인한	strong

go through a tough time 힘든 시간을 보내다
a tough guy 강인한 남자

05 religious
[rilídʒəs]

religion 명 종교

형 종교의	spiritual
형 독실한	devout

a religious belief 종교적 신념
a religious Catholic 독실한 가톨릭 신자

06

surrounding
[səráundiŋ]

surround (동) 둘러싸다

(형) 주변의, 인근의	neighboring, adjacent

the **surrounding** area 주변 지역

07

dependent
[dipéndənt]

(형) 의존하는, 의지하는	*reliant*

The patient is **dependent** on the doctor.
환자는 의사에게 의지한다.

08

commit
[kəmít]

commitment (명) 약속; 헌신

(동) 저지르다	do, perform
(동) 약속하다	
(동) 헌신하다, 전념하다	*dedicate*

commit a crime 범죄를 저지르다
commit to going to the gym three times a week
일주일에 세 번 체육관에 가기로 약속하다

> **☑ 지텔프 동의어 이렇게 출제된다**
>
> Scott is **committed** to his studies.
> (a) ordered   (b) dedicated
> 스콧은 그의 연구에 전념하고 있다.
> → 문장 속의 commit는 '전념하다'란 의미이므로 (b) dedicated(헌신
> 적인, 몰두하는)가 정답이다.

09

representative
[rèprizéntətiv]

represent (동) 대표하다; 나타내다

(명) 대표(자)	
(명) 대리인	
(형) 대표하는, 잘 나타내는	

a company **representative** 회사 대표
A flag is **representative** of a country and its people.
국기는 그 나라와 그 국민을 대표한다.

10
exceed
[iksíːd]

통 넘다, 초과하다	*surpass*

The elevator exceeded its maximum capacity.
엘리베이터가 정원을 초과하였다.

> ☑ 지텔프 동의어 이렇게 출제된다
>
> The cost of the project **exceeded** one million dollars.
> (a) connected　　(b) surpassed
> 그 프로젝트의 비용은 백만 달러를 넘었다.
> → 문장 속의 exceed는 '넘다'란 의미이므로 (b) surpassed(능가했
> 다)가 정답이다.

11
revolution
[rèvəljúːʃən]
revolutionary 형 혁명적인

명 혁명	coup, rebellion, uprising
명 변혁, 혁신	change, transformation
명 (행성의) 공전	

the Industrial Revolution 산업혁명[대변혁]
the revolution of the earth 지구의 공전

12
colleague
[káliːg]

명 동료	co-worker, associate, partner

collaborate with colleagues 동료들과 협력하다

13
talented
[tǽləntid]
talent 명 재능

형 재능 있는, 타고난	gifted

a talented musician 재능 있는 음악가

14
complimentary
[kàmpləméntəri]

compliment 명 칭찬

| 형 무료의 | *free* |
| 형 칭찬하는 | |

complimentary shuttle service 무료 셔틀 서비스
Rachel's teacher was complimentary about her essay.
레이첼의 선생님은 그녀의 에세이를 칭찬했다.

15
require
[rikwáiər]

requirement 명 필요, 요구;
요건, 필요조건

| 동 필요로 하다, 요구하다 | *demand* |

Patients with diabetes require treatment with insulin.
당뇨병 환자는 인슐린 치료를 필요로 한다.
require information about the project's timeline
프로젝트 일정에 대한 정보를 요구하다

16
fair
[fɛər]

fairly 부 공정하게

| 형 공정한 | |
| 명 박람회 | exposition |

a fair election 공정한 선거
a science fair 과학 박람회

17
insist
[insíst]

insistence 명 주장, 고집

| 동 주장하다, 고집부리다 |

Taylor insisted that she was right.
테일러는 그녀가 옳다고 주장했다.

18
scarce
[skɛərs]

scarcely 부 거의 ~하지 않는

| 형 부족한, 희소한 | *limited*, insufficient, rare |

scarce resources 희소한 자원

19
burst
[bəːrst]

| 통 터지다, 파열하다 | explode |

The balloon burst with a loud bang.
풍선이 펑 하고 터졌다.

20
extinct
[ikstíŋkt]

extinction 명 멸종

| 형 멸종된 |

extinct dinosaurs 멸종된 공룡들

21
raise
[reiz]

통 (물리적으로) 들어 올리다	lift, elevate
통 (가격·수준 등) 높이다	*increase*
통 제기하다, 언급하다	*mention*
통 키우다, 기르다	*support*, bring up

raise their hands 그들의 손을 들다
raise awareness of the importance of recycling
재활용의 중요성에 대한 인식을 높이다
raise a child 아이를 키우다

> ☑ 지텔프 동의어 이렇게 출제된다
>
> Lauren **raised** concerns about the new policy.
> (a) criticized   (b) mentioned
> 로렌은 새로운 정책에 대해 우려를 제기했다.
> → 문장 속의 raise는 '제기하다'란 의미이므로 (b) mentioned(언급했
>   다, 제기했다)가 정답이다.

22
responsible
[rispánsəbl]

| 형 책임지고 있는 |

Brian is responsible for the planning of the event.
브라이언은 그 행사의 계획을 책임진다.

23
numerous
[njúːmərəs]

⑱ 수많은   many, plentiful

travel to **numerous** cities   수많은 도시를 여행하다

24
edit
[édit]

editor ⑲ 편집자

⑧ 편집하다

edit a book   책을 편집하다
edit a YouTube video   유튜브 영상을 편집하다

25
upcoming
[ʌ́pkʌ̀miŋ]

⑱ 다가오는, 곧 있을

prepare for the **upcoming** event
다가오는 행사를 준비하다

26
prove
[pruːv]

⑧ 증명하다, 입증하다

The theory of evolution has been **proven** to be true.
진화론은 사실로 증명되었다.

27
determine
[ditɔ́ːrmin]

determined ⑱ 확고한, 단호한

⑧ 알아내다, 밝히다   *identify*, discover

⑧ (결)정하다   *decide*, settle

The jury will **determine** the guilt or innocence of the defendant.
배심원들은 피고의 유무죄를 결정할 것이다.

> ☑ **지텔프 동의어 이렇게 출제된다**
>
> Psychologists use tests to **determine** a person's IQ.
> (a) identify   (b) decide
> 심리학자들은 사람의 IQ를 알아내기 위해 테스트를 사용한다.
> → 문장 속의 determine은 '알아내다, 밝히다'란 의미이므로
>   (a) identify(밝혀내다)가 정답이다.

28
artificial
[à:rtəfíʃəl]

형 인공의, 인조의 | man-made

Artificial Intelligence 인공지능
artificial grass 인조 잔디

29
illness
[ílnis]

ill **형** 아픈

명 (질)병 | disease, sickness, disorder

mental illness 정신질환

30
wealthy
[wélθi]

wealth **명** 부유함, 재산

형 부유한 | rich, affluent, prosperous

the wealthy upper class 부유한 상류층

31
broaden
[brɔ́:dən]

broad **형** 넓은; 광범위한

동 넓어지다, 넓히다 | *widen*, expand

broaden my horizons 나의 시야를 넓히다
The new advertising campaign is designed to
broaden the target audience.
새로운 광고 캠페인은 타겟층을 넓히기 위해 고안되었다.

32
candidate
[kǽndidèit]

명 후보, 지원자

a candidate for the city council
시의회 의원 후보자

33
engaging
[ingéidʒiŋ]

engage **동** 사로잡다, 끌다

형 매력적인 | charming, attractive, appealing, fascinating

have an engaging smile 매력적인 미소를 짓다

34
attribute
- 동 [ətríbjuːt]
- 명 [ǽtrəbjùːt]

| 동 (공로·책임 등) 돌리다 | *credit*, ascribe |
| 명 자질, 속성 | *trait*, quality, feature |

The success of the event is attributed to the hard work of the organizers.
행사의 성공은 주최 측의 노력 덕분이다.
숙어 be attributed to ~의 덕분이다, ~의 탓으로 보다

☑ 지텔프 동의어 이렇게 출제된다

The most important **attribute** of a leader is courage.
(a) value　　　(b) trait
리더의 가장 중요한 자질은 용기이다.
→ 문장 속의 attribute는 '자질'이란 의미이므로 (b) trait(특징, 특성)가 정답이다.

35
climate
[kláimit]

| 명 기후 | weather |
| 명 분위기, 풍조 | atmosphere |

climate change 기후 변화
The economic climate is worsening.
경제 상황이 악화되고 있다.

36
property
[prάpərti]

| 명 재산, 소유물 |
| 명 부동산 |

property tax 재산세
own a property 부동산을 소유하다

37
instrument
[ínstrəmənt]

| 명 기구 | tool, device, implement |
| 명 악기 |

high-tech scientific instruments 첨단 과학 기구
play musical instruments 악기를 연주하다

38

recognize
[rékəgnàiz]

recognition 몡 알아봄; 인정

통 알아보다, 식별하다	*identify*
통 (중요성, 가치 등) 인정하다	*accept*, *acknowledge*

It is important to recognize the signs of depression.
우울증의 징후를 알아차리는 것은 중요하다.

> **☑ 지텔프 동의어 이렇게 출제된다**
>
> Ashley was **recognized** as a gifted artist at a young age.
> (a) identified　　　(b) accepted
> 애슐리는 어린 나이에 재능 있는 예술가로 인정받았다.
>
> → 문장 속의 recognize는 '인정하다'란 의미이므로 (b) accepted(받아들여진, 인정받은)가 정답이다.

39

commercial
[kəmə́:rʃəl]

commerce 몡 상업

혱 상업의	business
혱 상업적인, 이윤을 추구하는	profitable
몡 광고	advertisement

a commercial building　상가 건물
No commercial use allowed　상업적 사용 금지
radio commercials　라디오 광고

40

guarantee
[gæ̀rəntíː]

통 보장하다	*assure*, *ensure*, promise
통 보증하다	
몡 보장	assurance, promise
몡 보증	warranty

The company guarantees that the product is free of defects.
회사는 제품에 결함이 없음을 보장하고 있다.
a money-back guarantee　환불 보증

41
attach
[ətǽtʃ]
attachment 📖 첨부; 애착

| 📗 붙이다, 연결하다 | join, fasten, fix, stick, glue |
| 📗 첨부하다 | |

attach the label to the package 소포에 라벨을 붙이다
check the attached file 첨부 파일을 확인하다

42
supervisor
[sjúːpərvàizər]
supervision 📖 감독, 관리
supervise 📗 감독하다

| 📘 감독관, 관리자 | manager, inspector, administrator |

The factory supervisor monitors the quality of the products. 공장장은 제품의 품질을 감시한다.

43
guilty
[gílti]
guilt 📖 죄책감; 유죄

| 📙 죄책감이 드는 | sorry, ashamed, regretful |
| 📙 유죄의 | culpable |

feel guilty about not studying for the test
시험 공부를 하지 않은 것에 대해 죄책감을 느끼다
be found guilty 유죄 판결을 받다

44
undergo
[ʌndərgóu]

| 📗 겪다 | *experience*, go through, suffer |

undergo a change in lifestyle 생활 방식의 변화를 겪다

45
forecast
[fɔ́ːrkæ̀st]

| 📘 예측, 예상 | prediction, anticipation |
| 📗 예측하다 | predict, anticipate, foresee, *guess* |

the weather forecast 일기 예보

46
arise
[əráiz]

통 발생하다	happen, occur, emerge

A new issue has arisen.
새로운 문제가 발생했다.

47
abandon
[əbǽndən]

통 버리다, 떠나다	*leave*, *discard*, dump
통 포기하다, 그만두다	give up, stop, drop, discontinue

If you abandon your child, you will be arrested.
아이를 버리면 체포될 것이다.
abandon its attempts to develop a new product
신제품 개발 시도를 포기하다

48
reflect
[riflékt]

reflection 명 (비친) 모습; 반영; 반사

통 비추다, 반사하다	mirror
통 반영하다, 나타내다	*reveal*, show, indicate

The window reflected the image of the clouds.
창문에 구름의 모습이 비쳤다.
Sunlight reflects on the water.
햇빛이 물에 반사된다.

☑ 지텔프 동의어 이렇게 출제된다

The price of the stock **reflects** the company's performance.
(a) mirrors　　　　(b) reveals
주가는 회사의 실적을 반영한다.

→ 문장 속의 reflect는 '반영하다, 나타내다'란 의미이므로
　(b) reveals(나타내다, 보이다)가 정답이다.

49
alter
[ɔ́:ltər]
alteration 명 변화; 변경

동 변하다, 바꾸다   change, vary, modify

Eric **altered** his plans for the trip.
에릭은 여행 계획을 바꿨다.
Ronald's behavior was **altered** by the medication.
로날드의 행동은 그 약에 의해 변했다.

50
revenue
[révənjù:]

명 수입, 수익   income, proceeds

revenue from online sales 온라인 판매 수익

 데일리 테스트　　　정답 및 해석 p. 289

■ 해당 단어의 동의어를 찾아 연결하세요.

1　dependent　•　　　　　•　ⓐ trait

2　attribute　•　　　　　•　ⓑ reliant

3　engaging　•　　　　　•　ⓒ assure

4　undergo　•　　　　　•　ⓓ experience

5　guarantee　•　　　　　•　ⓔ charming

■ 밑줄 친 단어의 의미와 가장 유사한 단어를 고르세요.

6　**abandon** the car on the side of the road
　(a) give up　　(b) remove　　(c) dump　　(d) stop

7　a **tough** decision
　(a) relevant　　(b) technical　　(c) strong　　(d) hard

8　**determine** the cause of the explosion
　(a) divide　　(b) identify　　(c) alter　　(d) affect

9　**raise** awareness of the importance of voting
　(a) increase　　(b) mention　　(c) lift　　(d) support

10　**respond** to the e-mail as soon as possible
　(a) reply　　(b) react　　(c) confirm　　(d) comment

Key Paraphrases

LEVEL UP⁺

⊟ ☐ ✕

패러프레이징 빈출 표현

패러프레이징은 비슷한 의미를 다른 표현으로 나타내는 방식입니다. 본문과 정답 보기에 알맞게 패러프레이징된 표현을 매칭하는 것은 지텔프 독해의 핵심 전략이므로, 패러프레이징 빈출 표현을 익혀 독해 만점에 도전해 봅시다. 48＋점, 65＋점 목표라면 꼭 암기하세요!

본문	Paraphrasing	정답	☑ 암기 끝!
break (부러지다)	⟫	brittle (부서지다)	☐
memorable (기억에 남는)	⟫	unforgettable (잊지 못할, 기억에 남는)	☐
closely watch (면밀히 관찰하다)	⟫	carefully monitor (꼼꼼하게 관찰하다)	☐
budget (저가의, 저렴한)	⟫	low-cost (저가의)	☐
make use of (이용하다)	⟫	employ (사용하다)	☐
consume (섭취하다)	⟫	absorb (흡수하다)	☐
celebrate (축하하다)	⟫	commemorate (기념하다)	☐
love (사랑)	⟫	fondness (애정)	☐
contemporary (현대적인)	⟫	modern (현대의)	☐
contain (포함하다)	⟫	feature (특징으로 하다)	☐
interview (면접)	⟫	meeting (면접)	☐
degrade health (건강을 해치다)	⟫	poisonous (유해한)	☐
control (통제하다)	⟫	manipulate (사람을 조종하다)	☐
in stock (재고가 있는)	⟫	available (이용 가능한, 구입 가능한)	☐
endure (견디다)	⟫	withstand (견디다)	☐

01
conduct
[kəndʌkt]

⑧ 수행하다, 진행하다   lead

conduct a detailed study   상세한 연구를 수행하다

☑ 지텔프 동의어 이렇게 출제된다

A renowned expert will **conduct** the workshop.
(a) join   (b) lead
유명한 전문가가 워크숍을 진행할 것이다.
→ 문장 속의 **conduct**는 '진행하다'란 의미이므로 (b) lead(이끌다, 진
   행하다)가 정답이다.

02
confident
[kánfidənt]

confidence ⑲ 자신감, 확신

⑱ 자신감 있는, 확신하고 있는   convinced, certain

quite **confident** about life   인생에 대해 꽤 자신 있는
I am **confident** that we share the same goal.
저는 우리가 같은 목표를 가지고 있다고 확신합니다.

03
given
[gívən]

㉠ ~라는 것을 감안하면   considering

Given that it is raining, we will have to cancel our picnic.
비가 온다는 것을 고려하면, 우리는 소풍을 취소해야 할 것이다.

04
instead
[instéd]

⑨ 대신에

I was going to watch a movie but went for a walk
instead.
나는 영화를 보려고 했지만 대신 산책을 갔다.

05
approximately
[əpráksəmətli]

approximate ⑱ 대략적인, 근사치의

⑨ 대략   almost, nearly, roughly, about, around

for **approximately** 15 minutes   대략 15분 동안

06
absorb
[əbsɔ́ːrb]

| 동 흡수하다, 빨아들이다 | digest, soak up |

Your body can **absorb** 30 grams of protein in one meal.
여러분의 몸은 한 끼에 30그램의 단백질을 흡수할 수 있습니다.

07
exhibit
[igzíbit]
exhibition 명 전시회

동 전시하다	display, present
동 보이다, 나타내다	*show*, display, reveal
명 전시회, 전시품, 전시물	

exhibit symptoms of stress 스트레스 증상을 보이다
a photo **exhibit** 사진 전시회

08
accuse
[əkjúːz]

| 동 비난하다, 고소하다 | blame, denounce |

accuse Kevin of spreading false information
케빈이 잘못된 정보를 퍼뜨렸다고 비난하다

09
apologize
[əpálədʒàiz]
apology 명 사과

| 동 사과하다 | express regret |

apologize for the mistake 잘못을 사과하다

10
cease
[siːs]

| 동 중단하다, 멈추다 | finish, stop, end, halt |

cease production of consumer goods
소비재의 생산을 중단하다

11
vacant
[véikənt]
vacancy 명 빈자리, 공석, 결원; (호텔 등의) 빈 방

| 형 비어 있는, 공석의 | |

buy the **vacant** lot 공터를 매입하다

12

accurate
[ǽkjərit]

accuracy 명 정확, 정확성

| 형 정확한 | precise, exact, correct |

an **accurate** description of the situation
상황의 정확한 묘사

13

equivalent
[ikwívələnt]

| 형 동등한, 맞먹는 | equal, comparable, identical |

$1 is **equivalent** to about 1,300 won.
1달러는 1,300원에 상당한다.

14

frequent
[frí:kwənt]

frequency 명 빈도
frequently 부 자주, 빈번히

| 형 잦은, 빈번한 | repeated, common, recurrent |
| 동 자주 방문하다 | *visit*, patronize |

the most **frequent** cause of head injuries
머리 부상의 가장 빈번한 원인

☑ **지텔프 동의어 이렇게 출제된다**

The café is <u>frequented</u> by families with young children.
(a) aided   (b) visited

그 카페는 어린 자녀를 둔 가족들이 자주 찾는다.
→ 문장 속의 frequent는 '자주 방문하다'란 의미이므로 (b) visited(방문 되는)가 정답이다.

15

administrative
[ədmínistrèitiv]

administration 명 행정, 관리
administer 동 시행하다, 관리하다

| 형 행정적인, 관리의 | executive, managerial |

provide **administrative** support 행정적인 지원을 제공하다

16

implement
[ímpləmənt]

implementation 명 실행, 시행

| 동 실행하다, 시행하다 | enforce, enact, execute, carry out |

implement tax reform 세제 개혁을 시행하다

17
locate
[lóukeit]
location 명 장소, 지점

동 ~의 위치를 찾아내다 | discover, find

try to locate the missing girl
실종된 여자 아이의 행방을 찾기 위해 노력하다
숙어 be located 위치하다

18
anticipate
[æntísəpèit]
anticipation 명 기대, 예감

동 예감하다, 예상하다 | *expect*, *predict*, forecast

anticipate a lot of participants 많은 참석자를 예상하다

19
literally
[lítərəli]
literal 형 문자 그대로의, 말 그대로의

부 문자 그대로, 말 그대로 | exactly, actually

I was literally about to die of hunger.
나는 말 그대로 배고파 죽을 지경이었다.

20
complicated
[kámpləkèitid]
complication 명 복잡, 복잡한 문제

형 복잡한 | difficult, complex, intricate

the complicated process of buying a home
집을 사는 복잡한 과정

21
inform
[infɔ́:rm]

동 통보하다, 알리다 | notify, *tell*, advise

Erica informed the tenants that the rent is due tomorrow.
에리카는 세입자들에게 집세가 내일까지라고 알렸다.

22
adequate
[ǽdəkwit]
inadequate 형 부적절한, 불충분한

형 적절한, 충분한 | enough, suitable, sufficient

read under adequate lighting to protect my eyes
내 눈을 보호하기 위해 적절한 조명 아래서 책을 읽다

23

devastate
[dévəstèit]

동 완전히 파괴하다, 황폐화시키다	***destroy, batter***, ruin, wreck

The floods devastated the crops.
홍수로 농작물이 황폐해졌다.

24

massive
[mǽsiv]

형 거대한, 대규모의	huge, enormous, gigantic

erect a massive statue 거대한 동상을 세우다

25

acknowledge
[əknálidʒ]

acknowledgment 명 인정, 승인;
감사, 사례

동 인정하다, 승인하다	admit, accept
동 감사를 표하다	***recognize***

Gary acknowledged that he was wrong.
게리는 자신이 틀렸다는 것을 인정했다.

☑ 지텔프 동의어 이렇게 출제된다

We would like to **acknowledge** your continued support.
(a) reveal   (b) recognize

저희는 당신의 지속적인 성원에 감사를 표하고자 합니다.

→ 문장 속의 acknowledge는 '감사를 표하다'란 의미이므로
  (b) recognize(인정하다, 감사를 표하다)가 정답이다.

26

liquid
[líkwid]

명 액체	fluid
형 액체의	

spill liquid soap all over the floor 바닥에 액체 비누를 엎지르다

27

comprehensive
[kàmprihénsiv]

comprehend 동 파악하다, 이해하다

형 포괄적인, 광범위한	thorough, extensive, broad

carry out a comprehensive study 포괄적인 연구를 수행하다

28
enclose
[inklóuz]
enclosed 웹 동봉된

동 동봉하다	include
동 둘러싸다, 에워싸다	surround, cover

enclose the area with a fence 그 구역을 울타리로 둘러싸다
Enclosed is a copy of my résumé.
제 이력서 사본을 동봉합니다.

29
adapt
[ədǽpt]
adaptation 명 개조, 변경; 각색 작품

동 개조하다, 바꾸다	change, modify, adjust, alter, convert
동 적응하다	
동 (연극, 영화 등으로) 각색하다	

adapt the recipe to use less sugar
설탕을 덜 쓰도록 조리법을 수정하다
The book has been adapted into a movie.
그 책은 영화로 각색되었다.

30
chemical
[kémikəl]
chemistry 명 화학
chemist 명 화학자

명 화학물질	substance
형 화학의	

contain toxic chemicals 유독성 화학물질을 함유하다

31
reduce
[ridʒúːs]
reduction 명 감소, 삭감

동 낮추다, 줄이다	cut, lower, decrease, diminish

reduce the amount of waste 폐기물의 양을 줄이다

32
affordable
[əfɔ́ːrdəbl]
afford 동 ~을 감당할 여유가 있다

형 저렴한	inexpensive, reasonable, moderate

have access to affordable health care
저렴한 의료 서비스를 이용할 수 있다

33

distinct
[distíŋkt]

distinction 몡 차이; 특별함

| 혱 뚜렷한, 분명한 |
| 혱 독특한, 전혀 다른 |

have a distinct sense of humor 독특한 유머 감각을 가지고 있다

34

entry
[éntri]

enter 동 입장하다, 들어가다; 입력하다

명 입장, 진입	access, admission
명 입력	record, registration
명 응모작, 출품작	

illegal entry into the United States 미국으로의 불법 입국
entries for the writing competition 글쓰기 대회의 응모작들

35

fix
[fiks]

fixed 혱 고정된

| 동 고치다, 해결하다 | repair, mend |
| 동 고정시키다 | attach, tie, secure |

fix the leak in the ceiling 천장의 누수를 고치다

> **☑ 지텔프 동의어 이렇게 출제된다**
>
> We can't leave until we fix the flat tire.
> (a) tie   (b) repair
> 펑크 난 타이어를 수리할 때까지 우리는 떠날 수 없다.
> → 문장 속의 fix는 '고치다'란 의미이므로 (b) repair(수리하다)가 정답이다.

36

admire
[ədmáiər]

admirable 혱 감탄할 만한, 존경스러운

| 동 존경하다, 우러러보다 | respect, honor, appreciate |

admire those who never give up
포기하지 않는 사람들을 존경하다

37
comprise
[kəmpráiz]

| 동 구성되다, 이뤄지다 | include, consist of |
| 동 차지하다, 구성하다 | form, constitute |

Women comprise a majority of childcare workers.
여성이 보육시설 종사자의 대다수를 차지한다.
숙어 be comprised of ~로 구성되다

38
impressive
[imprésiv]
impression 명 인상, 느낌
impress 동 깊은 인상을 주다, 감동을 주다

| 형 인상적인 | *prodigious* |

show impressive growth 인상적인 성장을 보이다

39
project
[prádʒekt]

| 동 예상하다, 예측하다, 전망하다 | *expect*, estimate, forecast, predict |
| 명 프로젝트, 사업 | |

project economic growth of 2% 2%의 경제 성장을 전망하다

40
adjust
[ədʒʌ́st]
adjustment 명 조절; 적응

| 동 조절하다, 조정하다 | change, adapt, alter, *modify* |
| 명 적응하다 | adapt |

adjust the light in the living room 거실의 조명을 조절하다
adjust to the new schedule 새로운 일정에 적응하다

41
organism
[ɔ́:rgənìzəm]

| 명 유기체, 생물, 미생물 |

All living organisms need water to survive.
모든 살아있는 유기체는 생존하기 위해 물이 필요하다.

42
advantage
[ədvǽntidʒ]

⊖ disadvantage 명 불리한 점

| 명 이점, 장점, 유리한 점 | *edge*, benefit |

Owning a home has an advantage over renting.
집을 소유하는 것은 임대하는 것보다 장점이 있다.

43
assist
[əsíst]

assistance 명 도움, 지원

| 동 돕다, 보조하다 | help, support, aid |

assist with the cleaning up 청소를 돕다

44
command
[kəmǽnd]

동 지휘하다, 명령하다	*order*, compel, direct
명 지휘, 명령	
명 (언어에 대한) 지식, 능력	

train a dog to respond to human commands
사람의 명령에 반응하도록 개를 훈련시키다

> ☑ 지텔프 동의어 이렇게 출제된다
>
> The captain **commanded** the troops to halt.
> (a) ordered   (b) managed
> 대위는 부대에게 정지하라는 명령을 내렸다.
> → 문장 속의 command는 '명령하다'란 의미이므로 (a) ordered(명령했다)가 정답이다.

45
exhausted
[igzɔ́:stid]

| 형 지친, 기진맥진한 | tired, fatigued |

exhausted after working all day 하루 종일 일한 후 녹초가 된

46
disrupt
[dìsrʌ́pt]

disruptive 형 방해하는, 지장을 주는
disruption 명 방해, 지장

| 동 방해하다, 지장을 주다 | interrupt, disturb, *hamper*, *unsettle* |

The flooding disrupted travel on many roads.
홍수는 많은 도로의 교통에 지장을 주었다.

47
verify
[vérəfài]
verification 명 확인, 증명

| 동 확인하다, 증명하다 | check, prove, *confirm* |

Megan had to be fingerprinted to verify her identity.
메간은 신원을 확인하기 위해 지문을 채취해야 했다.

☑ 지텔프 동의어 이렇게 출제된다

A blood test has **verified** that the patient has the flu.
(a) confirmed   (b) defined

혈액 검사는 그 환자가 독감에 걸렸다는 것을 확인하였다.
→ 문장 속의 verify는 '확인하다'란 의미이므로 (a) confirmed(확인했다, 인정했다)가 정답이다.

48
appreciate
[əprí:ʃièit]
appreciation 명 감사; 이해, 감상
appreciative 형 고마워하는; 감상하는

동 고마워하다	be grateful for
동 진가를 알다, 감상할 줄 알다	value, respect, admire
동 (가치가) 오르다	increase, rise

appreciate working in a creative environment
창의적인 환경에서 일하는 것을 감사히 여기다
She can appreciate a good book.
그녀는 좋은 책의 가치를 안다.

49
competitive
[kəmpétitiv]
competitor 명 경쟁자

| 형 경쟁력 있는 | |
| 형 경쟁의, 경쟁을 하는 | |

competitive salary 경쟁력 있는 급여
a highly competitive world 경쟁이 치열한 세계

50
consent
[kənsént]

| 명 동의, 합의 | agreement, assent, approval |
| 동 동의하다 | agree, concur |

require proof of parental consent
부모 동의의 증명을 필요로 하다

■ 해당 단어의 동의어를 찾아 연결하세요.

1 accurate •

2 exhausted •

3 exhibit •

4 disrupt •

5 comprehensive •

• ⓐ thorough

• ⓑ fatigued

• ⓒ show

• ⓓ hamper

• ⓔ precise

■ 밑줄 친 단어의 의미와 가장 유사한 단어를 고르세요.

6 **implement** a new business plan
  (a) devise   (b) undergo   (c) execute   (d) cease

7 **adjust** the temperature of the room
  (a) change   (b) recover   (c) accuse   (d) locate

8 **assist** with the development of the new product
  (a) promote   (b) hinder   (c) inform   (d) help

9 **confident** in the future of the company
  (a) selective   (b) convinced   (c) talented   (d) complicated

10 **anticipate** a lot of difficulties with the new job
  (a) expect   (b) absorb   (c) preserve   (d) prepare

Key Paraphrases

LEVEL UP+

패러프레이징 빈출 표현

패러프레이징은 비슷한 의미를 다른 표현으로 나타내는 방식입니다. 본문과 정답 보기에 알맞게 패러프레이징된 표현을 매칭하는 것은 지텔프 독해의 핵심 전략이므로, 패러프레이징 빈출 표현을 익혀 독해 만점에 도전해 봅시다. 48＋점, 65＋점 목표라면 꼭 암기하세요!

본문	Paraphrasing	정답	☑ 암기 끝!
death (죽음)	≫	afterlife (사후 세계)	☐
high-technology (첨단 기술)	≫	advanced technologies (첨단 기술)	☐
expire (만료되다)	≫	no longer valid (더 이상 유효하지 않은)	☐
defend (방어하다)	≫	stand up against (저항하다)	☐
endangered (멸종 위기에 처한)	≫	at risk (위험한 상태인)	☐
guarantee security (안전을 보장하다)	≫	stable (안정적인)	☐
enclosed (동봉된)	≫	attached (첨부된)	☐
fight off (물리치다)	≫	resist (저항하다)	☐
excuse (변명, 핑계)	≫	reason (핑계, 이유)	☐
hunt the prey (먹이를 사냥하다)	≫	catch the prey (먹이를 잡다)	☐
examine (조사하다)	≫	analyze (분석하다)	☐
failure (실패)	≫	inability (무능, ~하지 못함)	☐
entice (유혹하다)	≫	attract (끌어당기다)	☐
ingest (섭취하다)	≫	intake (섭취)	☐
ensure (확실히 하다)	≫	make sure (~하도록 하다)	☐

01 logical
[ládʒikəl]

logic 명 논리

형 논리적인

a **logical** way of thinking 논리적인 사고 방식

---

02 transfer
[trǽnsfər]

동 옮기다, 이전하다 — move

transfer to a new school 새 학교로 전학하다
transfer money from one account to another
한 계좌에서 다른 계좌로 돈을 이체하다

---

03 collapse
[kəlǽps]

동 무너지다, 쓰러지다 — fall down

The building **collapsed** due to the earthquake.
그 건물은 지진으로 무너졌다.

---

04 exclusive
[iksklú:siv]

exclusively 뷔 독점적으로, 전적으로

형 독점적인, 전용의 — *sole, private*

an **exclusive** interview with a famous actor
유명 배우와의 단독 인터뷰

☑ 지텔프 동의어 이렇게 출제된다

The members of the club have **exclusive** use of the
clubhouse on weekends.
(a) private   (b) possible
주말에는 클럽 회원들이 클럽하우스를 전용으로 사용한다.
→ 문장 속의 exclusive는 '전용의'란 의미이므로 (a) private(전용의,
개인의)이 정답이다.

---

05 react
[riǽkt]

reaction 명 반응, 대응

동 반응하다, 대응하다 — respond

react positively to feedback 피드백에 긍정적으로 반응하다

06

constant
[kánstənt]

constantly 🖐 끊임없이, 계속

| 형 지속적인, 끊임없는 | continuous, sustained |

A plant needs constant care to grow properly.
식물이 제대로 자라기 위해서는 지속적인 관리가 필요하다.

07

reward
[riwɔ́:rd]

| 명 보상, 사례 | *prize*, benefit, *return* |
| 동 보상하다 | |

get a financial reward 금전적인 보상을 받다

· 08

aggressive
[əgrésiv]

aggression 명 공격성

| 형 공격적인 | offensive |

Aggressive children are more likely to be involved in fights.
공격적인 아이들은 싸움에 휘말릴 가능성이 더 높다.

09

actually
[ǽktʃuəli]

actual 형 실제의

| 부 실제로 | really, indeed |

actually see the Eiffel Tower 에펠탑을 실제로 보다

10

honor
[ánər]

명 영광, 명예	recognition, prestige
동 공적으로 보상하다	recognize, commend, acknowledge,
동 명예를 베풀다	

The team received honor for their victory.
그 팀은 우승으로 명예를 얻었다.
He was honored as a knight.
그는 기사 작위를 받았다.

11

expensive
[ikspénsiv]

expense 몡 비용, 경비

| 톙 비싼 | costly |

too **expensive** to buy 너무 비싸서 살 수 없는

12

consist
[kənsíst]

| 됭 구성되다 |

a building that **consists** of two floors 2층으로 된 건물
The jury **consists** of six people.
배심원은 6명으로 구성되어 있다.

13

philosophy
[filásəfi]

philosopher 몡 철학자

| 몡 철학 |

The **philosophy** of Aristotle is still studied by many
scholars today.
아리스토텔레스의 철학은 오늘날에도 많은 학자들에 의해 연구되고 있다.

14

manage
[mǽnidʒ]

manager 몡 관리자
managerial 톙 관리자의

됭 <회사·조직 등> 운영하다	*run, operate*
됭 <어려운 일> 해내다	
됭 관리하다, 통제하다	*control*

manage to persuade the shareholders to approve
the merger 간신히 주주들을 설득하여 합병을 승인해내다
manage time effectively 시간을 효율적으로 관리하다

☑ **지텔프 동의어 이렇게 출제된다**

The company is **managed** by a board of directors.
(a) run　　(b) offered
그 회사는 이사회에 의해 운영된다.

→ 문장 속의 manage는 '운영하다'란 의미이므로 (a) run(운영되는)이
　정답이다.

15
resolve
[rizálv]

통 해결하다	solve, *address*
통 결심하다, 결의하다	decide, determine
명 결심, 결의	resolution, decision, determination

resolve a dispute 분쟁을 해결하다
resolve to quit smoking 담배를 끊기로 결심하다

16
precise
[prisáis]
precisely 🔵 정확하게

| 형 정확한 | exact, accurate |

get **precise** measurements 정확한 치수를 재다

17
nervous
[nə́:rvəs]

| 형 긴장한, 불안한 | anxious |

Kayla felt **nervous** about going on stage.
카일라는 무대에 오르는 것이 긴장되었다.

18
official
[əfíʃəl]
officially 🔵 공식적으로

명 관리, 공무원	
형 공적인, 공인된	authorized
형 공식적인	formal

local **officials** 지방 공무원
official documents 공문서
the **official** website 공식 웹사이트

19
rapidly
[rǽpidli]
rapid 형 빠른, 급속한

| 부 빠르게, 급속히 | quickly, fast |

rapidly changing IT technology 빠르게 변화하고 있는 IT 기술

20

presentation
[prìːzəntéiʃən]
present 통 발표하다; 제시하다

명 발표	speech

a new product **presentation** 신제품 발표회

21

extend
[iksténd]
extensive 형 광범위한

통 확장하다, 확대하다	widen, expand
통 <기간 등> 연장하다	*prolong*

The road was **extended** by two miles.
도로가 2마일 연장되었다.

☑ **지텔프 동의어 이렇게 출제된다**

The deadline for the project has been **extended** by two weeks.
(a) ordered   (b) prolonged
프로젝트의 마감일이 2주 연장되었다.
→ 문장 속의 extend는 '연장하다'란 의미이므로 (b) prolonged(연장된)가 정답이다.

22

construct
[kánstrʌkt]
construction 명 건설; 건축물

통 건설하다	build

construct a new building 새로운 건물을 짓다

23

consult
[kánsʌlt]
consultation 명 상담, 상의

통 상담하다, 상의하다	confer

consult an expert about the investment strategy
투자 전략에 대해 전문가와 상담하다

24

opportunity
[àpərtjúːnəti]

명 기회	chance

a great **opportunity** for learning new things
새로운 것을 배울 수 있는 좋은 기회

25
accompany
[əkʌ́mpəni]

| 동 동행하다 | guide, escort, usher |
| 동 동반하다, 수반하다 | |

Nicole will accompany her friends on their trip to Europe.
니콜은 유럽 여행에 친구들과 동행할 것이다.
The disease may be accompanied by a fever.
그 병은 열을 동반할 수 있다.

26
quote
[kwout]

| 동 인용하다 | cite, extract |
| 명 인용구 | quotation |

The passage was quoted from the book.
그 구절은 책에서 인용한 것이다.

27
phenomenon
[finɑ́mənàn]

| 명 현상, 사건 | occurrence, event |

the phenomenon of global warming 지구 온난화 현상

28
renew
[rinjúː]
renewal 명 갱신, 연장

| 동 갱신하다, 연장하다 |

renew a contract 계약을 갱신하다

29
specialized
[spéʃəlàizd]
specialize 동 ~을 전문으로 하다

| 형 전문화된, 전문적인 |

specialized equipment 전문 장비

30

drive
[draiv]

동 운전하다	operate
명 운전	
명 운동, 캠페인	campaign

participate in the blood drive 헌혈 캠페인에 참여하다

31

dependable
[dipéndəbl]

depend 동 의존하다, 의지하다; 믿다

| 형 믿을 만한, 신뢰할 수 있는 | *reliable*, trustworthy, faithful |

a dependable friend 신뢰할 수 있는 친구

☑ 지텔프 동의어 이렇게 출제된다

Michelle is looking for a **dependable** babysitter to watch her kids.

(a) reliable   (b) noticeable

미쉘은 아이들을 돌볼 믿을 만한 베이비시터를 찾고 있다.

→ 문장 속의 dependable은 '믿을 만한'이란 의미이므로 (a) reliable 이 정답이다.

32

depression
[dipréʃən]

| 명 우울함, 우울증 | despair, gloom, melancholy |
| 명 경기 침체 | recession, slump |

treat depression 우울증을 치료하다
the Great Depression 경제 대공황

33

radical
[rǽdikəl]

| 형 급진적인, 급진파의 | extreme |

radical politics 급진적인 정치

34

digest
[dáidʒest]

digestion 명 소화

| 동 소화하다, 소화시키다 | absorb |

digest food well 음식을 잘 소화시키다
easily digest complex information
복잡한 정보를 쉽게 소화하다[이해하다]

35

soar
[sɔːr]

동 치솟다, 급상승하다

increase, rise, grow, escalate

soaring prices 치솟는 물가

The athlete's popularity **soared** after he won the gold medal.
(a) reduced   (b) increased
그 운동선수의 인기는 금메달을 딴 후에 치솟았다.
→ 문장 속의 soar는 '치솟다'란 의미이므로 (b) increased(증가했다, 늘었다)가 정답이다.

36

creature
[kríːtʃər]

명 생물, 생명체

a sea **creature** 바다 생물

37

disabled
[diséibld]

형 장애가 있는

paralyzed

physically **disabled** 신체 장애가 있는

38

request
[rikwést]

명 요청, 요구

demand, appeal

동 요청하다, 요구하다

demand, beg, ask for

make a **request** 요청하다
request help from a staff member 직원에게 도움을 청하다

39

obligation
[àbləɡéiʃən]

명 의무, 책임

duty, responsibility, liability

have an **obligation** to finish this project
이 프로젝트를 끝내야 할 의무가 있다

40

create
[kriéit]

creative **형** 창의적인

동 만들어 내다

make, produce, generate, develop

create more jobs 일자리를 창출하다
create a mobile game 모바일 게임을 만들어 내다

41

deliberately
[dilíbəritli]

deliberate 형 고의적인
동 심사숙고하다

부 의도적으로, 고의로	intentionally, on purpose

deliberately avoid eye contact 의도적으로 눈을 피하다

42

monitor
[mánitər]

동 감시하다, 주시하다	*observe*, watch, check

carefully monitor the growth of a plant
식물의 성장을 주의 깊게 관찰하다

> **☑ 지텔프 동의어 이렇게 출제된다**
>
> The nurse constantly **monitored** the patient's heart rate.
> (a) protected　　　　(b) observed
> 간호사가 환자의 심박 수를 지속적으로 주시했다.
> → 문장 속의 monitor는 '주시하다'란 의미이므로 (b) observed(관찰했다, 주시했다)가 정답이다.

43

convince
[kənvíns]

동 확신시키다, 납득시키다	*persuade*, assure

The jury was not convinced by the defendant's story.
배심원들은 피고의 이야기를 납득하지 못했다.

44

enhance
[inhǽns]

enhancement 명 향상

동 <품질·가치 등> 향상시키다	*improve*

Technology has enhanced our ability to communicate.
기술은 우리의 의사소통 능력을 향상시켰다.

45

mass
[mæs]

명 무리, 대중	crowd
명 덩어리	
명 대량	
형 대규모의, 대중적인	

a mass movement 대중 운동
body mass index 체질량 지수
mass production 대량생산

46
means
[miːnz]

명 수단, 방법	*method*, way

means of transportation 교통[운송] 수단
means of communication 의사소통 수단

47
cooperation
[kouàpəréiʃən]
cooperate 동 협력하다

명 협력	collaboration, teamwork

military **cooperation** with allies
동맹국과의 군사 협력

48
trade
[treid]

명 거래, 무역	business, commerce, transaction
동 거래하다	

a world **trade** fair 세계 무역 박람회
trade with other countries 다른 나라와 무역하다

49
grant
[grænt]

동 주다, 수여하다	*provide*, *give*, allocate
명 보조금, 지원금	subsidy

get a **grant** for the research
연구비를 지원받다

☑ 지텔프 동의어 이렇게 출제된다

The school will **grant** you a scholarship if you have good grades.
(a) give   (b) combine
우수한 성적을 받으면 학교에서 장학금을 줄 것이다.
→ 문장 속의 grant는 '주다, 수여하다'란 의미이므로 (a) give(주다)가 정답이다.

50
arrive
[əráiv]
arrival 명 도착

동 도착하다

arrive late at school 학교에 늦게 도착하다

■ 해당 단어의 동의어를 찾아 연결하세요.

1 reward •   • ⓐ costly

2 enhance •   • ⓑ prize

3 means •   • ⓒ method

4 expensive •   • ⓓ exact

5 precise •   • ⓔ improve

■ 밑줄 친 단어의 의미와 가장 유사한 단어를 고르세요.

6 <u>convince</u> Kelly to change her mind
(a) request   (b) persuade   (c) renew   (d) consist

7 <u>grant</u> $100 million to the research project
(a) give   (b) honor   (c) transfer   (d) extend

8 <u>manage</u> your stress properly
(a) run   (b) construct   (c) control   (d) operate

9 <u>resolve</u> a problem
(a) decide   (b) consult   (c) determine   (d) address

10 <u>deliberately</u> ignore the question
(a) actually   (b) intentionally   (c) rapidly   (d) officially

Key Paraphrases

LEVEL UP +

패러프레이징 빈출 표현

패러프레이징은 비슷한 의미를 다른 표현으로 나타내는 방식입니다. 본문과 정답 보기에 알맞게 패러프레이징된 표현을 매칭하는 것은 지텔프 독해의 핵심 전략이므로, 패러프레이징 빈출 표현을 익혀 독해 만점에 도전해 봅시다. 48＋점, 65＋점 목표라면 꼭 암기하세요!

본문	Paraphrasing	정답	☑ 암기 끝!
fantastical (환상적인, 기이한)	>>>	otherworldly (공상적인)	☐
distinct (구별되는)	>>>	unique (독특한)	☐
institutions (기관)	>>>	agencies (기관)	☐
hot-tempered (화를 잘 내는)	>>>	short-tempered (다혈질의)	☐
combined (결합된)	>>>	mixture (혼합)	☐
jeans (청바지)	>>>	a clothing item (의류 품목)	☐
King Arthur (아서 왕)	>>>	a figure (인물)	☐
become extinct (멸종하다)	>>>	disappear (사라지다)	☐
lethal (치명적인)	>>>	fatal (치명적인)	☐
landmark (획기적인 사건)	>>>	important (중요한)	☐
assess (평가하다)	>>>	check (확인하다)	☐
livestock (가축)	>>>	animals (동물)	☐
loyal customers (단골 고객)	>>>	returning customers (재방문 고객)	☐
discrepancy (불일치)	>>>	gap (차이)	☐
look for (찾다)	>>>	search for (찾다)	☐

01
exclude
[iksklú:d]

exclusion 명 제외, 배제

| 동 제외하다, 배제하다 | eliminate, remove, omit, get rid of, rule out |

exclude red meat from his diet
그의 식단에서 붉은 고기를 제외하다

02
solve
[salv]

solution 명 해법, 해답, 해결책;
용액, 혼합물

| 동 해결하다 | resolve, settle, cure |

solve a problem 문제를 해결하다

☑ 지텔프 동의어 이렇게 출제된다

The detective is working to **solve** the mystery of the missing jewels.
(a) settle   (b) complete
그 형사는 잃어버린 보석의 미스터리를 풀려고 노력하고 있다.
→ 문장 속의 solve는 '해결하다'란 의미이므로 (a) settle(해결하다)이 정답이다.

03
intelligence
[intélidʒəns]

intelligent 형 지적인, 똑똑한

| 명 지능, 지성 | brightness |

try to measure the **intelligence** of a mouse
쥐의 지능을 측정하기 위해 노력하다

04
dismiss
[dismís]

동 무시하다, 일축하다	disregard, reject
동 해산시키다	free, disperse
동 해고하다	fire

dismiss the possibility of an economic crisis
경제 위기의 가능성을 일축하다

05
surge
[səːrdʒ]

圖 급등하다, 몰려들다	increase, jump, rush
圖 급등, 고조	increase, rise, **boost**, **growth**

a great surge in the use of social media
소셜 미디어 사용의 급증

06
discipline
[dísəplin]

圖 규율, 기강	authority, rule
圖 절제, 자제력	
圖 징계하다, 훈육하다	

ways to improve school discipline 학교 규율을 개선하는 방법

07
distinguish
[distíŋgwiʃ]

圖 구별하다, 분간하다	differentiate, discern, separate, **identify**

distinguish between the twins 쌍둥이를 구별하다

08
profitable
[práfitəbl]
profit 圖 수익, 이윤

圖 수익성이 있는, 이득이 되는	lucrative, rewarding

a highly profitable investment 수익성이 높은 투자

09
enthusiasm
[inθjúːziæzəm]
enthusiastic 圖 열정적인, 열렬한
(= avid)
enthusiast 圖 열렬한 팬, 열광적인 애호가

圖 열정, 열광, 열의	passion, devotion

disappointed with the speaker's lack of enthusiasm
연설자의 열의 부족에 실망한

10
depending on
[dipéndiŋ]

圖 ~에 따라

The amount of rainfall changes depending on the region.
강우량은 지역에 따라 달라진다.

11
register
[rédʒistər]
registration 명 등록

| 동 등록하다 | sign up, enroll |

register for a cooking class 요리 강좌에 등록하다

12
refund
[ríːfʌnd]

| 명 환불 | |
| 동 환불하다 | |

return an item for a **refund** 환불을 위해 상품을 반품하다

13
ethnic
[éθnik]
ethnically 부 인종적으로, 민족적으로

| 형 인종의, 민족의 | |

people from a variety of **ethnic** backgrounds
다양한 민족적 배경을 가진 사람들

14
obtain
[əbtéin]

| 동 얻다, 획득하다 | get, *gain*, secure, land, acquire |

obtain a map of the area 그 지역의 지도를 입수하다

> ☑ 지텔프 동의어 이렇게 출제된다
>
> Benjamin **obtained** a degree in history last year.
> (a) inherited   (b) gained
> 벤자민은 작년에 역사학 학위를 받았다.
> → 문장 속의 obtain은 '획득하다, 받다'란 의미이므로 (b) gained(얻었다, 획득했다)가 정답이다.

15
expenditure
[ikspénditʃər]

| 명 지출 | payment, expense, spending |

a large **expenditure** on defense 국방에 대한 거액의 지출

16
disturb
[distə́ːrb]
disturbance 명 소동, 방해

| 동 방해하다, 불안하게 하다 | disrupt, upset, worry |

Drinking coffee may **disturb** sleep patterns.
커피를 마시는 것은 수면 패턴을 방해할 수 있다.

17

enormous
[inɔ́ːrməs]
enormously ⊕ 엄청나게

| 형 거대한, 엄청난 | huge, immense, massive, great, *gigantic* |

an **enormous** amount of debt 엄청난 액수의 부채

18

promote
[prəmóut]
promotion 명 승진; 홍보; 장려

동 승진시키다	
동 홍보하다	advertise
동 고취하다, 증진시키다	*boost*, foster, encourage

promote his new album by going on tour
순회공연을 하여 그의 새 앨범을 홍보하다
promote health 건강을 증진시키다

19

invest
[invést]
investment 명 투자
investor 명 투자자

| 동 투자하다 | spend, devote |

invest $10,000 in stocks 주식에 1만 달러를 투자하다

20

lively
[láivli]

| 형 활발한, 열띤 | enthusiastic |

a **lively** debate about politics 정치에 관한 활발한 토론

21

occupy
[ákjəpài]
occupancy 명 거주, 점유
occupant 명 거주자, 입주자

| 동 <장소> 차지하다 | *take* |
| 동 점령하다 | |

The bed **occupies** half of the room.
그 침대가 방의 절반을 차지한다.
be **occupied** by the Spanish 스페인에 점령당하다

22

dominate
[dámənèit]
dominant 형 우세한, 지배적인

| 동 지배하다, 장악하다 | control, lead |

dominate the computer industry 컴퓨터 산업을 장악하다

23

interpret
[intə́ːrprit]
interpretation 몡 해석, 이해; 통역

| 통 해석하다, 이해하다 | understand, comprehend |
| 통 통역하다 | translate |

interpret the behavior of the dog 개의 행동을 해석하다

24

migration
[maigréiʃən]
migrate 통 이동하다, 이주하다

| 몡 이주, 이동 | travel |

illegal migration into the United States 미국으로의 불법 이주

25

gather
[gǽðər]
gathering 몡 모임; 수집

| 통 모이다 | assemble, congregate, convene, *flock* |
| 통 모으다, 수집하다 | *collect* |

gather information about the subject
그 주제에 관한 정보를 수집하다

☑ 지텔프 동의어 이렇게 출제된다

A large number of swans **gathered** together.
(a) collected   (b) flocked

많은 백조들이 모여들었다.
→ 문장 속의 gather는 '모이다'란 의미이므로 (b) flocked(몰려들었다)
가 정답이다.

26

draft
[dræft]

| 몡 초안, 초고 | outline, plan |
| 몡 신인선수 선발 | |

the final draft of my novel 소설의 최종 원고

27

notion
[nóuʃən]

| 몡 개념, 관념, 생각 | *idea*, belief, concept |

reject the traditional notions of right and wrong
옳고 그름의 전통적인 관념을 거부하다

28
operate
[ápərèit]

operation 명 작전, 활동; 수술; 운행[운영]

| 동 작동[가동]하다, 작동[가동]시키다 | function, work |
| 동 운영[운행]되다, 운영[운행]하다 | *manage*, run |

operate the electric equipment 전기 장비를 작동시키다
operate at full capacity 전면 가동되다

29
durable
[djú(:)ərəbl]

durability 명 내구성

| 형 오래 가는, 내구성이 있는 | sturdy, strong, robust |

be made from a durable material
내구성이 있는 재료로 만들어지다

30
occupation
[àkjəpéiʃən]

명 점거, 사용	possession, use
명 점령	invasion, conquest
명 직업	job, profession

the Spanish occupation of Mexico 스페인의 멕시코 점령
The house was not fit for occupation.
그 집은 거주하기에 적합하지 않았다.

31
highly
[háili]

| 부 매우, 고도로, 높이 | greatly, very, well |

be highly regarded by critics 비평가들로부터 높은 평가를 받다

32
acute
[əkjú:t]

| 형 <질병> 급성의 | |
| 형 극심한, 심각한 | serious, *sharp*, severe, intense |

a major source of acute stress 극심한 스트레스의 주요 원인

33
negotiate
[nigóuʃièit]
negotiation 몡 협상

| 동 협상하다, 타결하다 | settle |

negotiate a peace treaty 평화 조약을 협상하다

34
respect
[rispékt]

| 동 존경하다 | admire, regard, *revere* |
| 명 존경, 존중 | regard, appreciation |

show respect for others 타인에 대한 존중을 보이다

35
observe
[əbzə́:rv]
observation 몡 관찰, 관측; 소견
observance 몡 (규칙 등의) 준수

동 관찰하다, 주시하다	*monitor*, watch
동 준수하다	*follow*, obey, adhere to, keep to
동 <논평, 의견> 말하다	

observe the behavior of the child 아이의 행동을 관찰하다

☑ 지텔프 동의어 이렇게 출제된다

Employees are required to **observe** the dress code.
(a) follow   (b) watch
직원들은 복장 규정을 준수해야 한다.
→ 문장 속의 observe는 '준수하다'란 의미이므로 (a) follow(따르다, 지키다)가 정답이다.

36
odd
[ɑd]

| 형 이상한 | strange, unusual, weird, peculiar, bizarre |
| 형 홀수의 | |

have an odd feeling 이상한 느낌이 들다

37
perceive
[pərsí:v]
perception 몡 인식

| 동 인식하다, ~로 여기다 | |

be perceived as a brave person 용감한 사람으로 인식되다

38
period
[pí(:)əriəd]
periodically 🖲 정기적으로,
주기적으로

🖲 기간	time
🖲 시기, 단계	phase, *stage*

for a short **period** of time 짧은 기간 동안

> ### ☑️ 지텔프 동의어 이렇게 출제된다
>
> We are still in the early **period** of the research.
> (a) era   (b) stage
> 우리는 아직 연구의 초기 단계에 있다.
> → 문장 속의 period는 '단계'란 의미이므로 (b) stage(단계, 시기)가 정
>   답이다.

39
reliable
[riláiəbl]

🖲 믿을 수 있는, 신뢰할 만한	dependable, trustworthy, *stable*

be based on **reliable** data
신뢰할 수 있는 데이터에 기초하고 있다

40
ownership
[óunərʃìp]
owner 🖲 주인, 소유자

🖲 소유, 소유권	occupation, possession

gain **ownership** of the business
사업의 소유권을 얻다

41
proceed
[prəsíːd]
proceeds 🖲 수익

🖲 진행되다, 계속되다	continue, progress, go on

proceed according to the instructions
지시에 따라 진행하다

42

original

[ərídʒənl]

originally ⓑ 원래, 본래
originality ⓜ 독창성

ⓗ 원래의, 본래의	first, initial, *early*, earliest
ⓗ 독창적인, 새로운	creative, new, fresh
ⓜ 원본	

proceed with the original plan 원래의 계획을 계속 진행하다
an original idea 독창적인 아이디어

☑ 지텔프 동의어 이렇게 출제된다

Ashley developed a truly **original** recipe for apple pie.
(a) master　　　　(b) creative
애슐리는 애플파이를 위한 매우 독창적인 요리법을 개발했다.
→ 문장 속의 original은 '독창적인, 새로운'이란 의미이므로
　(b) creative(창의적인)가 정답이다.

43

overcome

[òuvərkʌ́m]

ⓥ 극복하다, 이겨내다	master, conquer

overcome a fear of flying 비행공포증을 극복하다

44

height

[hait]

high ⓗ 높은 ⓑ 높이, 높게

ⓜ 높이, 키[신장]	tallness
ⓜ 고도, 해발	altitude, elevation
ⓜ 절정, 최고조	peak, top, climax, culmination

over six feet in height 키가 6피트가 넘는
at the height of the economic boom 경제 호황의 절정기에

45

punishment

[pʌ́niʃmənt]

punish ⓥ 처벌하다

ⓜ 벌, 처벌	

the punishment for robbery 강도에 대한 처벌

46

exposed
[ikspóuzd]

exposure 몡 노출
expose 동 노출시키다, 드러내다

> 휑 노출된, 드러난   open, bare, uncovered, ***unprotected***

exposed to pollution   오염에 노출된

☑ 지텔프 동의어 이렇게 출제된다

The wires were **exposed** and sparking.
(a) unprotected   (b) exhibited

전선이 노출되어 불꽃이 튀었다.
→ 문장 속의 exposed는 '노출된, 드러난'이란 의미이므로
   (a) unprotected(보호되지 않은, 무방비의)가 정답이다.

47

perspective
[pərspéktiv]

> 몡 관점, 시각   view, viewpoint

provide a new perspective on life
인생에 대해 새로운 시각을 제공하다

48

reputation
[rèpjə(:)téiʃən]

reputable 휑 평판이 좋은

> 몡 명성, 평판   standing, fame, honor

earn a reputation as a creative painter
창조적인 화가로서 명성을 얻다.

49

predict
[pridíkt]

predictable 휑 예측 가능한
prediction 몡 예상, 예측

> 동 예측하다, 예상하다   ***anticipate***, forecast, project

predict the results of the experiment   실험 결과를 예측하다

50

retire
[ritáiər]

retirement 몡 은퇴, 퇴직

> 동 은퇴하다, 그만두다   resign, quit

decide to retire early   조기 퇴직을 결심하다

■ 해당 단어의 동의어를 찾아 연결하세요.

1 gather •   • ⓐ boost

2 solve •   • ⓑ follow

3 surge •   • ⓒ flock

4 predict •   • ⓓ anticipate

5 observe •   • ⓔ resolve

■ 밑줄 친 단어의 의미와 가장 유사한 단어를 고르세요.

6 the **acute** pain in the shoulder
   (a) decisive   (b) cautious   (c) creative   (d) sharp

7 worry about his son's lack of **enthusiasm**
   (a) passion   (b) notion   (c) occupation   (d) hobby

8 eat a balanced diet to **promote** health
   (a) advertise   (b) boost   (c) collect   (d) sell

9 make the **enormous** effort to win the championship
   (a) shocking   (b) vicious   (c) huge   (d) lively

10 It's quite **odd** that Megan would do that.
   (a) strange   (b) illegal   (c) uneven   (d) spare

Key Paraphrases

패러프레이징 빈출 표현

패러프레이징은 비슷한 의미를 다른 표현으로 나타내는 방식입니다. 본문과 정답 보기에 알맞게 패러프레이징된 표현을 매칭하는 것은 지텔프 독해의 핵심 전략이므로, 패러프레이징 빈출 표현을 익혀 독해 만점에 도전해 봅시다. 48＋점, 65＋점 목표라면 꼭 암기하세요!

본문	Paraphrasing	정답	☑ 암기 끝!
lunar (달의)	⟫	the moon (달)	☐
different (차이가 나는, 구별되는)	⟫	distinct (구별되는)	☐
modern (현대의)	⟫	present-day (오늘날의)	☐
major roles (주요 역할)	⟫	lead roles (주연 역할)	☐
collaborate (협업하다)	⟫	work together (함께 일하다)	☐
nearby (근처의, 근처에)	⟫	in the surrounding area (주변 지역에서)	☐
obstacles (장애물)	⟫	obstructions (방해물)	☐
ask for (요청하다)	⟫	request (요청하다)	☐
polluted (오염된)	⟫	contaminated (오염된)	☐
poorly rested (제대로 쉬지 못한)	⟫	tired (피곤한)	☐
design (설계하다)	⟫	create (만들다)	☐
reduce (줄이다)	⟫	control (억제하다)	☐
review (검토하다)	⟫	examine (검토하다)	☐
cancel (취소하다)	⟫	stop implementing (시행을 중단하다)	☐
sales exploded (매출이 폭발했다)	⟫	sales increased (매출이 증가했다)	☐

01

positive
[pázitiv]

| 형 긍정적인, 호의적인 | optimistic, *affirmative* |

always maintain a positive attitude
항상 긍정적인 태도를 유지하다

02

permission
[pərmíʃən]

permit 통 허가하다, 허락하다

| 명 허가, 허락 | authorization, approval |

Give permission to use the phone.
전화를 사용할 수 있도록 허락해 주세요.

03

routine
[ruːtíːn]

| 명 일상, 일과 | |
| 형 일상의, 일상적인 | |

Waking up early and going for a run has become Crystal's routine.
일찍 일어나서 달리기를 하는 것은 크리스탈의 일과가 되었다.

04

propel
[prəpél]

| 동 추진하다, 몰고 가다 | drive, *push*, force |

propel the boat forward 보트를 전진시키다

> ☑ 지텔프 동의어 이렇게 출제된다
>
> The rocket's engines will **propel** it into orbit.
> (a) push   (b) shoot
> 로켓의 엔진은 그것을 궤도로 몰고 갈 것이다.
> → 문장 속의 propel은 '몰고 가다'란 의미이므로 (a) push(밀다, 밀어붙이다)가 정답이다.

05

abstract
[ǽbstrækt]

| 형 추상적인 | |
| 명 (논문의) 초록, 요약 | summary |

an abstract work of art 추상적인 예술 작품

06
rough
[rʌf]
roughly 🕙 대략, 대강

| 🔞 <표면 등> 거친, 고르지 않은 | uneven, irregular |
| 🔞 대략적인, 대강의 | approximate |

the **rough** surface of the moon 달의 거친 표면
A **rough** estimate for the cost of the project is $100,000.
프로젝트의 대략적인 비용은 10만 달러이다.

07
promise
[prάmis]
promising 🔞 유망한

🔞 약속하다	guarantee, *assure*, pledge, vow
🔞 약속	
🔞 가능성, 잠재력	*potential*

promise to finish the homework by 9 p.m.
숙제를 9시까지 끝내겠다고 약속하다

☑️ 지텔프 동의어 이렇게 출제된다

This new medication shows **promise** in treating cancer.
(a) limitation　　(b) potential
이 새로운 약은 암을 치료할 수 있는 가능성을 보인다.
→ 문장 속의 promise는 '가능성, 잠재력'이란 의미이므로
　(b) potential이 정답이다.

08
remarkable
[rimά:rkəbl]
remark 🔞 발언, 언급(= comment)

| 🔞 놀랄 만한, 놀라운 | surprising, notable, wonderful, extraordinary |

The Wright brothers' first flight was a **remarkable** feat.
라이트 형제의 첫 비행은 놀라운 업적이었다.

09
severe
[sivíər]
severely 🕙 극심하게, 심각하게

| 🔞 심각한, 극심한 | *serious*, *intense*, awful, intense, extreme, *harsh* |

severe mental illness 심각한 정신 질환

10
accommodate
[əkámədèit]

accommodations 명 숙박 시설

동 수용하다

동 필요한 것을 제공하다   help, support

The bus can accommodate up to fifty passengers.
그 버스는 최대 50명의 승객을 수용할 수 있다.
accommodate customers with children by providing
high chairs
높은 의자를 제공하여 아이들을 데리고 있는 손님들에게 편의를 제공하다

11
invade
[invéid]

invasion 명 침입, 침략

동 침입하다, 침략하다   *attack*

The Soviet Union invaded Afghanistan in order to
expand its territory.
소련은 영토를 확장하기 위해 아프가니스탄을 침략했다.

12
pleasant
[plézənt]

pleasure 명 즐거움, 기쁨

형 즐거운, 기분 좋은   pleasing, satisfying, delightful, enjoyable

pleasant memories of childhood   어린 시절의 즐거운 기억
have a pleasant evening   즐거운 저녁 시간을 보내다

13
sharply
[ʃáːrpli]

부 급격히

Stock prices fell sharply. 주가가 급격히 하락했다.

14
recover
[rikÁvər]

recovery 명 회복

동 회복하다, 되찾다   *regain*, retrieve, improve, heal

recover from the surgery   수술에서 회복하다

> ☑ 지텔프 동의어 이렇게 출제된다
>
> George **recovered** consciousness after being in a
> coma for three days.
> (a) regained   (b) reserved
> 조지는 3일 동안 혼수상태에 빠져 있다가 의식을 되찾았다.
> → 문장 속의 recover는 '회복하다, 되찾다'란 의미이므로
>   (a) regained(회복했다, 되찾았다)가 정답이다.

15

possess
[pəzés]

possession 명 소유(물)

동 소유하다, 가지다	have

possess a lot of wealth 많은 재산을 소유하다
possess the ability to empathize with others
타인과 공감할 수 있는 능력을 갖고 있다

16

resist
[rizíst]

resistant 형 저항력 있는, 잘 견디는
resistance 명 저항

동 참다, 견디다	withstand
동 저항하다, 반대하다	*oppose*, confront, defy

can't resist eating chocolate cake
초콜릿 케이크를 먹지 않을 수 없다
resist negative changes 부정적인 변화에 저항하다

17

shift
[ʃift]

명 변화, 움직임	change, move
명 교대 근무	
동 움직이다, 이동하다	move

work the night shift 야간 근무를 하다
The Earth's axis has shifted from its original position.
지구의 축이 원래의 위치에서 벗어났다.

18

stir
[stəːr]

동 (휘)젓다	mix, blend
동 불러일으키다	*raise*, *inspire*, prompt, provoke, arouse

stir soup with a spoon 숟가락으로 수프를 젓다

☑ 지텔프 동의어 이렇게 출제된다

The increase in crime has **stirred** concerns among residents.

(a) raised   (b) mixed

범죄의 증가는 주민들의 우려를 불러일으켰다.

→ 문장 속의 stir는 '불러일으키다'란 의미이므로 (a) raised(불러일으켰다)가 정답이다.

19
privilege
[prívəlidʒ]

명 특권, 특혜	right, benefit, advantage
명 영광	*honor*

enjoy special **privileges** as a member of the VIP club
VIP 클럽의 회원으로서 특권을 누리다
It is a **privilege** to be able to learn from the best professors.
최고의 교수들에게 배울 수 있다는 것은 영광이다.

20
reserve
[rizə́:rv]
reservation 명 예약

동 예약하다	book
동 확보하다, 따로 남겨두다	hold

reserve a seat on the train 기차 좌석을 예약하다
reserve a space in the parking lot
주차장에 공간을 확보하다

21
particularly
[pərtíkjələrli]
particular 형 특정한; 특별한

부 특히	especially, specifically, in particular

Emma is **particularly** interested in the study of linguistics.
엠마는 특히 언어학에 관심이 있다.

22
allocate
[ǽləkèit]
allocation 명 할당(량)

동 할당하다	assign, distribute

allocate a larger budget to the marketing department
마케팅 부서에 더 많은 예산을 할당하다

23
favorable
[féivərəbl]

형 호의적인, 우호적인	

a **favorable** response to the new product
신제품에 대한 호의적인 반응

24
submit
[səbmít]

submission 명 제출; 항복

동 제출하다   hand in, *file*

Submit your report by Friday.
금요일까지 보고서를 제출해라.

25
species
[spíːʃiːz]

명 (생물의 분류 단위) 종

an endangered **species** 멸종 위기에 처한 종

26
steady
[stédi]

steadily 부 꾸준히

형 지속적인, 꾸준한   continuous, constant

aim for **steady** growth 꾸준한 성장을 목표로 하다
The company has a **steady** supply of raw materials.
그 회사는 원자재가 안정적으로 공급되고 있다.

27
sympathy
[símpəθi]

명 동정, 연민   compassion, pity, empathy

feel no **sympathy** for criminals
범죄자들에게 동정심을 느끼지 않다

28
replace
[ripléis]

replacement 명 대체(품); 후임자

동 (새것으로) 교체하다   *change*

동 (다른 것을) 대신하다, 대체하다   substitute

find someone to **replace** the retiring CEO
은퇴하는 CEO를 대신할 사람을 찾다

☑ 지텔프 동의어 이렇게 출제된다

James will **replace** the roof on the house.
(a) change   (b) clean
제임스는 집의 지붕을 교체할 것이다.
→ 문장 속 replace는 '(새것으로) 교체하다'란 의미이므로
   (a) change (교체하다, 바꾸다)가 정답이다.

29

praise
[preiz]

동 칭찬하다		*acclaim*, compliment, applaud
명 칭찬		applause, *tout*

The actor's outstanding performance was praised by the director. 그 배우의 뛰어난 연기는 감독으로부터 칭찬을 받았다.

30

statistic
[stətístik]
statistical 형 통계의

명 통계(학)

according to official statistics 공식 통계에 의하면

31

otherwise
[ʌðərwàiz]

부 그렇지 않으면[않았다면]

The fire alarm went off. Otherwise, there could have been injuries.
화재경보기가 울렸다. 그렇지 않았다면, 부상자가 있었을 수도 있다.

32

advocate
동 [ǽdvəkèit]
명 [ǽdvəkət]

동 지지하다, 옹호하다	support
명 지지자, 옹호자	supporter, defender

advocate for policies that protect the environment
환경을 보호하는 정책을 옹호하다

33

prefer
[prifə́:r]
preference 명 선호

동 선호하다	favor

prefer chocolate to vanilla 바닐라보다 초콜릿을 더 선호하다
prefer studying at home 집에서 공부하는 것을 선호하다

34

update
[ʌ́pdèit]

동 최신의 것으로 만들다	upgrade, renew, revise, *modernize*
명 업데이트	

update the system regularly 정기적으로 시스템을 업데이트하다
automatic software updates 소프트웨어 자동 업데이트

35
vital
[váitəl]

(형) 필수적인, 매우 중요한 | essential, *important*, critical, key, crucial

The heart is a **vital** organ in the human body.
심장은 인체에 필수적인 기관이다.

> ☑ **지텔프 동의어 이렇게 출제된다**
>
> It is **vital** that all products are thoroughly tested before they are released.
> (a) important　　　　(b) creative
> 모든 제품을 출시 전에 철저히 테스트하는 것은 필수적이다.
> → 문장 속의 vital은 '필수적인, 매우 중요한'이란 의미이므로
> 　 (a) important(중요한)가 정답이다.

36
rescue
[réskju:]

(동) 구조하다, 구출하다 | save

rescue the drowning child　물에 빠진 아이를 구하다

37
specify
[spésəfài]

specification (명) 설명서

(동) (구체적으로) 명시하다 | stipulate

Please **specify** the quantity when placing your order.
주문할 때 수량을 구체적으로 명시하라.

38
survive
[sərváiv]

survival (명) 생존

(동) 살아남다, 생존하다 | *subsist*

survive in harsh conditions　혹독한 환경에서 살아남다

39
familiar
[fəmíljər]

━ unfamiliar (형) 낯선

(형) 익숙한, 낯익은

Andrew is **familiar** with the area.　앤드류는 그 지역에 익숙하다.
see a **familiar** face　낯익은 얼굴을 보다

40
premise
[prémis]

(명) 전제 | assumption

The theory is based on the **premise** that all people are equal.　그 이론은 모든 사람이 평등하다는 전제에 근거를 두고 있다.

41

struggle
[strʌ́gl]

| 통 애쓰다, 고군분투하다 | strive |
| 명 투쟁 | fight, battle |

The refugees are struggling to survive.
난민들은 살아남기 위해 고군분투하고 있다.
the power struggle between the two political parties
두 정당 간의 권력 투쟁

42

sufficient
[səfíʃənt]

sufficiency 명 충분함
⊜ insufficient 형 불충분한

| 형 충분한 | *enough*, adequate |

sufficient time to complete the task
임무를 완수하기에 충분한 시간

☑ 지텔프 동의어 이렇게 출제된다

Getting **sufficient** sleep can help improve concentration.
(a) precise   (b) enough
충분한 수면은 집중력을 향상시키는 데 도움을 줄 수 있다.
→ 문장 속의 sufficient는 '충분한'이란 의미이므로 (b) enough(충분한)가 정답이다.

43

attain
[ətéin]

| 통 (노력 끝에) 이루다, 달성하다 | achieve, accomplish |
| 통 <특정 수준> 이르다, 도달하다 | reach |

Olivia attained her goal of becoming a doctor.
올리비아는 의사가 되겠다는 목표를 달성했다.
The car attained a speed of 100 mph.
그 차는 시속 100마일에 도달했다.

44

attract
[ətrǽkt]

attractive 형 매력적인
attraction 명 명소; 매력

| 통 (주의·관심 등을) 끌다 | *draw* |

attract more customers 더 많은 손님을 끌다
The trash attracted many flies.
쓰레기는 많은 파리를 끌어들였다.

45
election
[ilékʃən]

elect 통 선출하다

명 선거   *race*

a presidential election 대통령 선거

46
preserve
[prizə́:rv]

preservation 명 보존, 보호

동 보존하다, 보호하다   *protect*, maintain, conserve, keep

명 보호 구역

preserve cultural heritage 문화유산을 보존하다
nature preserve 자연 보호 구역

47
purchase
[pə́:rtʃəs]

동 구매하다, 사다   buy, get

명 구매, 구매한 물건

purchase some new clothes 새 옷을 사다

48
sustain
[səstéin]

sustainable 형 지속 가능한

동 유지하다, 지속하다   maintain, continue

sustain life with food and water
음식과 물로 생명을 유지하다

49
outcome
[áutkʌ̀m]

명 결과   *result*, end, consequence

a satisfactory outcome 만족스러운 결과

50
transaction
[trænsǽkʃən]

명 거래   deal

financial transactions 금융 거래

Daily Test 데일리 테스트

정답 및 해석 p. 292

■ 해당 단어의 동의어를 찾아 연결하세요.

1 invade •   • ⓐ file

2 submit •   • ⓑ result

3 praise •   • ⓒ protect

4 preserve •   • ⓓ acclaim

5 outcome •   • ⓔ attack

■ 밑줄 친 단어의 의미와 가장 유사한 단어를 고르세요.

6 Thank you for the **positive** response.

(a) rough   (b) affirmative   (c) abstract   (d) serious

7 suffer from **severe** pain

(a) remarkable   (b) favorable   (c) intense   (d) pleasant

8 The theory has undergone a **shift** in recent years.

(a) promise   (b) permission   (c) change   (d) sympathy

9 a strong **advocate** for education reform

(a) praise   (b) struggle   (c) premise   (d) supporter

10 People are **attracted** to others who are like them.

(a) drawn   (b) sustained   (c) attained   (d) specified

Key Paraphrases

LEVEL UP⁺

패러프레이징 빈출 표현

패러프레이징은 비슷한 의미를 다른 표현으로 나타내는 방식입니다. 본문과 정답 보기에 알맞게 패러프레이징된 표현을 매칭하는 것은 지텔프 독해의 핵심 전략이므로, 패러프레이징 빈출 표현을 익혀 독해 만점에 도전해 봅시다. 48＋점, 65＋점 목표라면 꼭 암기하세요!

본문	Paraphrasing	정답	☑ 암기 끝!
mentor (멘토)	≫	guidance (지도)	☐
arrange for (주선하다)	≫	prepare for (준비하다)	☐
pose danger (위험을 야기하다)	≫	threaten (위협하다)	☐
origin (기원, 유래)	≫	source (근원)	☐
appear (출연하다)	≫	be seen (모습을 드러내다)	☐
roots and leaves (뿌리와 잎)	≫	materials (물질)	☐
prodigy (영재)	≫	talented (재능 있는)	☐
allow (허용하다)	≫	do not block (차단하지 않는다)	☐
synthetic (합성의)	≫	human-made (사람이 만든)	☐
shift (약간 이동하다)	≫	move (움직이다)	☐
monitor (감시하다)	≫	supervise (관리하다)	☐
tenants (세입자들)	≫	residents (거주자들)	☑
the kitchen (주방)	≫	facility (시설)	☐
protect (보호하다)	≫	conserve (보존하다)	☐
the building inspection (건물 점검)	≫	the building assessment (건물 평가)	☐

01

innocent
[ínəsənt]

innocence 몡 결백, 무죄

휑 무죄의, 무고한 | blameless

the death of **innocent** people 무고한 사람들의 죽음

02

hesitate
[hézitèit]

hesitant 휑 주저하는, 망설이는
(= disinclined)

동 주저하다, 망설이다

hesitate to move to a new city
새로운 도시로 이사하기를 주저하다

03

temporary
[témpərèri]

temporarily 튀 일시적으로

휑 임시의, 일시적인 | brief, short-term

temporary closure of the road 도로의 임시 폐쇄

04

restore
[ristɔ́:r]

restoration 몡 복원, 복구

동 회복하다, 복원하다, 복구하다 | revive, repair, recover, renovate, *rebuild*

restore the damaged painting 훼손된 그림을 복원하다

05

retain
[ritéin]

동 간직하다, 보존하다 | *keep*, maintain, preserve

retain the title of champion 챔피언 타이틀을 유지하다

06

suspect
[sʌ́spekt]

suspicious 휑 의심하는, 미심쩍은

동 의심하다, 수상쩍어하다 | feel, believe, suppose

몡 용의자

be **suspected** of fraud 사기 혐의를 받다

07

variety
[vəráiəti]

명 다양성, 다양	diversity, range, array
명 종류, 품종	**kind**, type, sort

perform a **variety** of tasks 다양한 일을 수행하다
grow three **varieties** of tomatoes
세 가지 종류의 토마토를 재배하다

☑ 지텔프 동의어 이렇게 출제된다

There are four **varieties** of apples in this box.
(a) ranges   (b) kinds
이 상자에는 네 가지 종류의 사과가 있다.
→ 문장 속의 variety는 '종류, 품종'이란 의미이므로, (b) kinds(종류)가
   정답이다.

08

win
[win]

winner 명 우승자, 당첨자

동 이기다, 승리하다
동 상을 타다

win the grand prize in the contest 대회에서 대상을 타다

09

adjacent
[ədʒéisənt]

adjacency 명 인접, 근접

형 가까운, 인접한	**nearby**, neighboring, close

live in the **adjacent** town 근처의 마을에서 살다

10

transform
[trænsfɔ́:rm]

transformation 명 변화, 변신

동 (완전히) 변화시키다, 변형시키다	change, alter, convert, **revolutionize**

transform the prince into a frog 왕자를 개구리로 변신시키다

☑ 지텔프 동의어 이렇게 출제된다

Containerization **transformed** the shipping industry.
(a) revolutionized   (b) transferred
컨테이너화는 해운 산업을 변화시켰다.
→ 문장 속의 transform은 '완전히 변화시키다'란 의미이므로
   (a) revolutionized(혁신을 일으켰다, 근본적으로 바꾸었다)가 정답이다.

11

endure
[indʤúər]

enduring 형 오래가는, 지속적인
(= lasting)
endurance 명 인내, 지구력

| 동 참다, 견디다 | tolerate, accept, suffer, *withstand* |

endure constant back pain 계속되는 허리 통증을 견디다

12

qualification
[kwɑ̀ləfəkéiʃən]

qualify 동 자격이 되다, 자격을 주다

| 명 자질, 자격, 자격 요건 | eligibility |

have the necessary qualifications for the job
그 일에 필요한 자격을 갖추다

13

understanding
[ʌ̀ndərstǽndiŋ]

understand 동 이해하다

| 명 이해 | perception, knowledge, appreciation |
| 형 이해심 있는 | |

a clear understanding of the goal 목표에 대한 명확한 이해

14

convey
[kənvéi]

| 동 전하다, (생각을) 전달하다 | transport, communicate, *express* |

convey our gratitude 우리의 감사함을 전하다

15

strengthen
[stréŋkθən]

strength 명 힘; 장점

| 동 강화하다, 튼튼하게 하다 | cement, reinforce, fortify |

strengthen the immune system 면역 체계를 강화하다

16

vague
[veig]

| 형 애매한, 모호한, 희미한 | unclear, rough |

a vague memory of my childhood
내 어린 시절의 희미한 기억

148

17

ultimate
[ʌ́ltəmət]

ultimately ⓟ 결국, 궁극적으로

ⓗ 궁극적인, 최후의, 최종의	final, eventual

the **ultimate** outcome of the negotiation 협상의 최종 결과

18

associate
[əsóuʃièit]

association ⓜ 관련, 연관
(= connection); 협회

ⓓ 연관시키다, 관련짓다	*relate*, connect, link, affiliate

be **associated** with several scandals
여러 가지 추문에 연루되다

19

substance
[sʌ́bstəns]

ⓜ 물질	material, element

harmful **substances** in cosmetics 화장품의 유해 물질

20

executive
[igzékjətiv]

ⓜ 임원, 간부, 경영진	
ⓗ 임원의, 간부의	

top **executives** at large companies 대기업의 최고 경영자

21

coordinate
[kouɔ́:rdənèit]

coordination ⓜ 협력; (신체의) 협응력

ⓓ 조정하다, 조율하다	organize
ⓓ 어울리다, 조화롭게 하다	blend, *match*

coordinate the schedule 일정을 조정하다

☑ 지텔프 동의어 이렇게 출제된다

Chris wanted to **coordinate** the table and chairs.
(a) match   (b) counter

크리스는 테이블과 의자를 어울리게 맞추게 하고 싶었다.

→ 문장 속의 coordinate은 '조화롭게 맞추다'란 의미이므로
   (a) match(어울리게 하다, 조화를 이루다)가 정답이다.

22
willing
[wíliŋ]
willingly 🔹 기꺼이

| 형 ~할 의향이 있는 | happy, pleased |

willing to work overtime 기꺼이 초과 근무를 하는

23
bury
[béri]
burial 🔹 매장, 장례

| 동 묻다, 매장하다 |

be buried deep in the ground 땅속 깊이 묻히다

24
boast
[boust]

| 동 뽐내다, 자랑하다 | brag, show off |

boast about his new car 그의 새 차에 대해 자랑하다

25
undertake
[ʌ̀ndərtéik]

| 동 착수하다, 떠맡다 | take on, tackle |

undertake research into the causes of global warming 지구 온난화의 원인에 대한 연구에 착수하다

26
abundant
[əbʌ́ndənt]
abundance 🔹 풍부함

| 형 풍부한 | plentiful, generous, rich |

an abundant supply of oxygen 풍부한 산소 공급

27
connect
[kənékt]
connection 🔹 관련, 연관, 연결
(= association)

| 동 연결하다, 결합하다 | *attach, assemble*, link, affix |
| 동 관련시키다, 결부시키다 | *associate, attribute*, relate |

The two events are closely connected to each other.
그 두 사건은 서로 밀접하게 연관되어 있다.

28
deem
[di:m]

| 동 ~라고 여기다, 간주하다 | *consider*, believe, reckon |

be deemed to be accurate 정확하다고 간주되다

Taj Mahal is **deemed** an architectural masterpiece.
(a) considered   (b) announced
타지마할은 건축의 걸작으로 여겨진다.
→ 문장 속의 deem은 '~라고 여기다'란 의미이므로
   (a) considered(~라고 여겨지는)가 정답이다.

29
widespread
[wáidspréd]

| 형 널리 퍼진, 광범위한 | prevalent, *prevailing*, common |

widespread drug use 널리 퍼진 약물의 사용

30
fragment
[frǽgmənt]

| 명 파편, 조각 | piece |

find ancient pottery **fragments** 고대 도자기 파편들을 발견하다

31
resign
[rizáin]
resignation 명 사임, 사직

| 동 사임하다, 그만두다 | leave, quit, retire |

formally **resign** as Governor 정식으로 지사직을 사퇴하다

32
arrangement
[əréindʒmənt]
arrange 동 준비하다; 배열하다, 정렬하다

명 준비, 주선	plan, preparation
명 약속, 합의	agreement, settlement
명 배열, 정렬	organization, alignment

make **arrangements** for the delivery of the furniture
가구를 배달할 준비를 하다
the business **arrangement** between the two
companies 두 회사 간의 업무 협의

33 virtue
[vɝ́ːrtʃuː]

몡 미덕, 선, 장점	goodness, merit, strength

the **virtue** of kindness 친절의 미덕

34 attack
[ətǽk]

동 공격하다	assault, assail, *invade*
몡 공격	

be **attacked** by a large dog 큰 개에게 공격을 당하다

35 adhere
[ædhíər]

동 들러붙다	stick, glue, attach
동 고수하다, 준수하다	follow, observe, abide by

The tiles won't **adhere** to the floor properly.
타일이 바닥에 제대로 붙지 않는다.
adhere to the terms of the contract 계약 조건을 지키다

36 certificate
[sərtífəkit]
certify 동 보증하다, 증명하다

몡 자격증, 증명서	document, voucher

receive a **certificate** of completion 수료증을 받다

37 genetic
[dʒənétik]
gene 몡 유전자

혱 유전의, 유전자의	

each person's unique **genetic** makeup
개개인의 고유한 유전자 구성

38 witness
[wítnis]

동 목격하다, 보다	see, view, watch, observe
몡 목격자	observer

witness an amazing sunrise 놀라운 일출을 목격하다

39

challenge
[tʃǽlindʒ]

challenging ❸ (힘들지만) 도전해 볼 만한

🅢 도전하다, 반박하다	dispute, confront, *defy*, question
🅜 도전, 어려움	opposition, confrontation

challenge conventional thinking
전통적인 사고에 이의를 제기하다
face new challenges 새로운 도전에 직면하다

40

argue
[áːrgjuː]

argument ❸ 논쟁, 언쟁; 주장
(= dispute)

🅢 다투다, 언쟁하다	
🅢 주장하다	*contend*, *assert*

argue with each other 서로 논쟁하다
숙어 argue for ~에 찬성하는 주장을 하다(= advocate for)
argue against ~에 반대하는 주장을 하다

41

defective
[diféktiv]

defect ❸ 결함, 결점

❸ 결함이 있는	faulty, flawed

return the defective product 결함이 있는 상품을 반품하다

42

oversee
[òuvərsíː]

🅢 감독하다, 지켜보다	*supervise*, manage, direct

oversee the company's operations 회사의 운영을 감독하다

☑ 지텔프 동의어 이렇게 출제된다

Craig Kenney was appointed to **oversee** the construction project.
(a) supervise　　(b) overlook
크레이그 케니는 건설 프로젝트를 감독하도록 임명되었다.
→ 문장 속의 oversee는 '감독하다'란 의미이므로 (a) supervise(감독하다, 관리하다)가 정답이다.

43

majority
[mədʒɔ́(:)rəti]

major 형 주요한, 중요한
명 전공

명 다수, 대부분	most

the **majority** of the world's population 세계 인구의 대부분

44

adventure
[ədvéntʃər]

adventurer 명 모험가

명 모험	

Life is full of **adventure**.
인생은 모험으로 가득 차 있다.

45

differ
[dífər]

different 형 다른, 차이가 있는
differentiate 동 구별하다, 구분하다

동 다르다, 의견이 다르다	disagree

differ on whether to accept the offer
그 제의를 받아들일지에 대해 의견이 다르다

46

dispose of
[dispóuz]

disposal 명 처분, 폐기

동 처분하다, 없애다	discard, dump, throw away, get rid of

dispose of nuclear waste 핵폐기물을 처리하다

47

neglect
[niglékt]

negligible 형 무시해도 좋을 정도의, 하찮은

동 방치하다, 소홀히 하다	ignore, disregard
명 방치, 소홀	

neglect the maintenance of his car
그의 차의 정비를 소홀히 하다

48

excel
[iksél]

excellent 형 뛰어난, 탁월한

동 뛰어나다, 탁월하다	be superior

excel at customer service 고객 서비스에 뛰어나다

49
norm
[nɔːrm]

normal 형 보통의, 정상적인

명 규범, 표준 | *standard*

break social **norms** 사회 규범을 어기다

50
overwhelm
[òuvərhwélm]

overwhelming 형 압도적인, 강력한

동 압도하다 | overpower

be **overwhelmed** by the amount of work
일의 양에 압도되다

■ 해당 단어의 동의어를 찾아 연결하세요.

1 adjacent •   • ⓐ supervise

2 norm •   • ⓑ discard

3 oversee •   • ⓒ nearby

4 associate •   • ⓓ relate

5 dispose of •   • ⓔ standard

■ 밑줄 친 단어의 의미와 가장 유사한 단어를 고르세요.

6 **convey** their thanks with a gift
   (a) support   (b) conduct   (c) delay   (d) express

7 **endure** financial hardships
   (a) withstand   (b) remain   (c) permit   (d) expect

8 be born with **defective** genes
   (a) mysterious   (b) possible   (c) flawed   (d) short

9 looking to **retain** its good reputation
   (a) employ   (b) remember   (c) contain   (d) keep

10 **restore** the economy to full strength
   (a) manage   (b) revive   (c) assure   (d) stimulate

Key Paraphrases

LEVEL UP +

□□✕

패러프레이징 빈출 표현

패러프레이징은 비슷한 의미를 다른 표현으로 나타내는 방식입니다. 본문과 정답 보기에 알맞게 패러프레이징된 표현을 매칭하는 것은 지텔프 독해의 핵심 전략이므로, 패러프레이징 빈출 표현을 익혀 독해 만점에 도전해 봅시다. 48 + 점, 65 + 점 목표라면 꼭 암기하세요!

본문	Paraphrasing	정답	☑ 암기 끝!
sight (보다, 목격하다)	>>>	locate (찾아내다)	☐
wounds (상처, 부상)	>>>	injuries (부상)	☐
transparent (투명한)	>>>	see-through (속이 비치는)	☐
the gill (아가미)	>>>	a body part for breathing (호흡을 위한 신체 부위)	☐
unforeseen (예기치 못한)	>>>	unexpected (예상치 못한)	☐
unhappy (만족하지 못한)	>>>	less than satisfied (만족하지 못한)	☐
wind or water (바람 혹은 물)	>>>	natural forces (자연의 힘)	☐
stream (개울)	>>>	waterway (수로)	☐
the phase (단계)	>>>	the stage (단계)	☐
webs (거미줄)	>>>	traps (함정, 덫)	☐
write (쓰다)	>>>	compose (짓다)	☐
unseen (발각되지 않는)	>>>	not noticed (눈에 띄지 않은)	☐
present (제시하다)	>>>	bring (가져오다)	☐
straightforward (솔직한)	>>>	honest (정직한)	☐
the slums (빈민가)	>>>	impoverished regions (빈곤 지역)	☐

MP3

01
patron
[péitrən]
patronize 통 애용하다

| 명 <예술 등> 후원자 | supporter |
| 명 고객 | *customer* |

A wealthy **patron** donated $1 million to the museum.
부유한 후원자가 박물관에 100만 달러를 기부했다.

02
explore
[ikspló:r]
exploration 명 탐험; 탐구, 연구

| 동 탐험하다 | tour |
| 동 탐구하다, 연구하다 | investigate, inspect, examine, research |

explore new places in the world
세계의 새로운 곳을 탐험하다
explore new ways to increase profits
이익을 늘리기 위한 새로운 방법을 연구하다

03
renowned
[rináund]

| 형 유명한, 명성이 있는 | famous, notable, well-known, celebrated |

an internationally **renowned** artist 국제적으로 유명한 예술가

04
suited
[sjú:tid]
suit 통 알맞다, 적합하다

| 형 적합한, 어울리는 | *right*, appropriate, *adapted*, proper |

Michael is **suited** for the position.
마이클이 그 직책에 적합하다.

☑ 지텔프 동의어 이렇게 출제된다

The tools were not **suited** for the job.
(a) valid　　　　(b) adapted
그 도구들은 그 작업에 적합하지 않았다.
→ 문장 속의 suited는 '적합한'이란 의미이므로 (b) adapted(적당한, 알맞은)가 정답이다.

05
inspire
[inspáiər]

inspiration 몡 영감(을 주는 것)

| 동 고무시키다, 영감을 주다 | motivate, **encourage**, **stir**, stimulate, spur, **influence** |

The experience inspired Jenny to start writing poetry.
그 경험은 제니가 시를 쓰기 시작하도록 고무시켰다.

06
respective
[rispéktiv]

respectively 뫼 각각, 각자

| 혱 각각의, 각자의 | individual, own, separate |

The employees went back to their respective offices.
직원들은 각자의 사무실로 돌아갔다.

07
critic
[krítik]

critical 혱 비판적인; 아주 중요한

| 몡 비평가, 평론가 | pundit |

The film was highly regarded by critics.
그 영화는 비평가들로부터 높은 평가를 받았다.

08
advanced
[ədvǽnst]

advancement 몡 진보, 발전
advance 동 나아가다, 발전하다

| 혱 진보한, 첨단의 | sophisticated, up-to-date, modern, state-of-the-art |
| 혱 상급의 | high-level |

advanced technology 첨단 기술
advanced students 상급반 학생들

09
consistent
[kənsístənt]

consistency 몡 일관성

| 혱 일관된, 한결같은 | steady, constant, persistent, regular |
| 혱 일치하는 (~ with) | **agreeing**, compatible, harmonious |

Tyler has a consistent pattern of being late.
타일러는 지각하는 버릇이 한결같다.
The results of the study were consistent with the hypothesis.
연구 결과는 가설과 일치했다.

10

appeal
[əpíːl]

appealing 휑 어필하는, 매력적인

휑 호소, 간청	request, plea
휑 매력	charm, attraction, attractiveness
동 호소(간청)하다	plead
동 ~에게 어필하다, 매력적이다	

appeal to a wide audience 많은 사람들에게 어필하다

11

amenity
[əménəti]

| 명 편의 시설 | facility, convenience |

The hotel offers many technological **amenities**, such as free Wi-Fi.
호텔은 무료 와이파이와 같은 많은 기술적 편의 시설을 제공한다.

12

housekeeper
[háuskìːpər]

| 명 가사 도우미, 관리인 | |

hire a **housekeeper** 가사 도우미를 고용하다

13

delegate
휑 [déligət]
동 [déligèit]

delegation 명 대표단; 위임

| 명 대표, 사절 | representative, deputy |
| 동 <업무, 권한 등을> 위임하다 | *assign*, entrust |

Johnson was his company's **delegate** to the conference.
존슨은 콘퍼런스에서 회사의 대표였다.
delegate responsibilities to team members
팀원들에게 업무를 위임하다

☑ 지텔프 동의어 이렇게 출제된다

In order to be productive, Lauren learned how to **delegate** some tasks.
(a) assign   (b) authorize
생산적이기 위해 로렌은 일부 업무를 위임하는 법을 배웠다.
→ 문장 속의 delegate는 '위임하다'란 의미이므로 (a) assign(할당하다, 부여하다)이 정답이다.

14
ambiguous
[æmbíɡjuəs]

ambiguity 형 모호성, 중의성

형 애매모호한, 중의적인	unclear, uncertain, vague, obscure

The terms of the contract were ambiguous.
계약 조건이 모호했다.

15
compatible
[kəmpǽtəbl]

형 호환 가능한	
형 양립할 수 있는	consistent

The software is not compatible with my computer.
그 소프트웨어는 내 컴퓨터와 호환되지 않는다.
Your theory is compatible with my belief.
당신의 이론은 나의 신념과 양립할 수 있다.

16
task
[tæsk]

명 임무, 과제	duty, assignment, job

complete complex tasks successfully
복잡한 과제를 성공적으로 완료하다

17
absence
[ǽbsəns]

absent 형 부재한, 결석한

명 부재, 결석	unavailability, nonexistence

absence of predators 포식자의 부재
숙어 leave of absence 휴가

18
duration
[djuəréiʃən]

명 지속 기간	period, length, span

for the duration of my vacation
나의 휴가 기간 동안

19
edible
[édəbl]

⊖inedible 형 먹을 수 없는, 식용이 아닌

형 먹을 수 있는, 식용의	harmless

edible plants 먹을 수 있는 식물

20

induce
[indʒúːs]

동 설득해서 ~하게 만들다	get, persuade, encourage, convince
동 유발하다	*cause*, generate, produce, lead to

The boss **induced** Edgar to take the job.
상사는 에드가를 설득해서 그 일을 맡도록 만들었다.
induce vomiting 구토를 유발하다

☑ 지텔프 동의어 이렇게 출제된다

The strong smell of bleach may **induce** a headache.
(a) reduce   (b) cause
표백제의 강한 냄새는 두통을 유발할 수 있다.
→ 문장 속의 induce는 '유발하다'란 의미이므로 (b) cause(초래하다, 야기하다)가 정답이다.

21

lack
[læk]

명 부족	shortage, deficiency, insufficiency
동 부족하다	need, *miss*

lack of discipline 규율의 부족
The candidate **lacked** experience.
그 지원자는 경험이 부족했다.

22

enforce
[infɔ́ːrs]

동 <규칙, 법 등을> 실시하다, 시행하다	implement, execute, administer

enforce a law 법을 시행하다

23

back
[bæk]

부 뒤로, 다시	backwards, again
명 등, 뒷면	rear side
동 지지하다, 뒷받침하다	*support*, help, assist

I am moving **back** to my hometown.
나는 고향으로 돌아간다.
The history of the city dates **back** to the early 1800s.
그 도시의 역사는 1800년대 초로 거슬러 올라간다.
A scientific theory should be **backed** by verified data.
과학 이론은 검증된 자료에 의해 뒷받침되어야 한다.

24
editorial
[èditɔ́:riəl]

형 편집의	
명 <신문의> 사설	

an **editorial** assistant
편집 보조

25
enrollment
[inróulmənt]

enroll 동 등록하다, 입학하다

명 등록, 입학	acceptance, admission

requirements for **enrollment** in college
대학 입학을 위한 요건

26
drawback
[drɔ́:bæ̀k]

명 결점, 단점	disadvantage, *difficulty*, trouble, downside

One **drawback** to living in the city is the noise.
도시에서 사는 것의 한 가지 단점은 소음이다.

27
imitate
[ímitèit]

imitation 명 모방; 모조품

동 모방하다, 베끼다	*copy*, *emulate*, follow

Children **imitate** what they see.
아이들은 자신이 보는 것을 따라한다.

> **☑ 지텔프 동의어 이렇게 출제된다**
>
> Adam is working hard to **imitate** the success of his favorite author.
> (a) challenge   (b) emulate
> 아담은 그가 가장 좋아하는 작가의 성공을 모방하기 위해 열심히 노력하고 있다.
> → 문장 속의 imitate는 '모방하다'란 의미이므로 (b) emulate(모방하다, 본받다)가 정답이다.

28
ancestor
[ǽnsestər]

명 조상, 선조	forefather

Mary's ancestors were farmers in Ireland.
메리의 조상은 아일랜드의 농부였다.

29
disaster
[dizǽstər]

disastrous 형 끔찍한

명 재난, 재앙	calamity, catastrophe

natural disasters 자연 재해

30
pursue
[pərsjúː]

pursuit 명 추구

동 추구하다, 계속 해 나가다	*seek*, *follow*, engage in

pursue a career in teaching
교직에서의 커리어를 추구하다
Lauren is pursuing her passion for music.
로렌은 음악에 대한 열정을 추구하고 있다.

31
alarming
[əláːrmiŋ]

alarm 명 알람, 경보
동 걱정시키다, 놀라게 하다

형 걱정스러울 정도의, 놀랄 정도의	*worrying*, shocking, disturbing

an alarming rise in Earth's temperatures
지구 기온의 걱정스러울 정도의 상승

> ☑ 지텔프 동의어 이렇게 출제된다
>
> The world's climate is changing at an alarming rate.
> (a) accurate   (b) worrying
> 세계의 기후는 놀라운 속도로 변화하고 있다.
> → 문장 속의 alarming은 '걱정스러울 정도의, 놀랄 정도의'란 의미이
>   므로 (b) worrying(우려할 만한, 걱정스러운)이 정답이다.

32
extraordinary
[ikstrɔ́ːrdənèri]

형 이례적인, 특이한	unusual, odd, strange
형 비범한, 예사롭지 않은	special, outstanding, exceptional, *amazing*, phenomenal, marvellous

an extraordinary story 특이한 이야기
an extraordinary ability 비범한 능력

33
discontinue
[dìskəntínju:]

중단하다 — end, stop, finish, terminate

생산을 중단하다, 단종하다

discontinue a service 서비스를 중단하다
a discontinued product 단종된 상품

34
overdue
[òuvərdjú:]

연체된, 기한이 지난 — unpaid, payable, *delayed*, late

The payment is a week overdue. 지불 기한이 일주일이 지났다.

35
venture
[véntʃər]

벤처 (사업)

<위험을 감수하며> ~에 가보다, 뛰어들다

a successful business joint venture
성공적인 공동 사업 벤처
venture into the online business
온라인 사업으로 뛰어들다

36
ethic
[éθik]
ethical 윤리적인, 도덕적인

윤리, 도덕

work ethic 직장 윤리

37
supplies
[səplaiz]

필수품, 물자 — necessities

medical supplies 의약품
office supplies 사무 용품

38

objective
[əbdʒéktiv]

objectively ⓟ 객관적으로

명 목적, 목표	*goal,* purpose, aim, object, target
형 객관적인	

Alan achieved his **objective** of becoming an accountant.
앨런은 회계사가 되겠다는 목표를 달성했다.
an **objective** assessment 객관적인 평가

☑ 지텔프 동의어 이렇게 출제된다

The main **objective** of the research was to find a cure for cancer.

(a) goal   (b) ambition

그 연구의 주요 목표는 암 치료법을 찾는 것이었다.

→ 문장 속의 objective는 '목표, 목적'이란 의미이므로 (a) goal(목적)
   이 정답이다.

39

apply
[əplái]

application ⓟ 지원(서), 신청(서); 적용
applicant ⓟ 지원자, 신청자

동 지원하다, 신청하다 (~for)	
동 적용하다, 적용되다	*use, implement,* employ, relate
동 바르다	put on

apply for a loan 대출을 신청하다
The rules do not **apply** to you.
그 규칙들은 당신에게 적용되지 않습니다.
apply sunscreen 자외선 차단제를 바르다

40

expert
[ékspəːrt]

expertise ⓟ 전문성, 전문 지식

명 전문가	specialist, professional, guru

a security **expert** 보안 전문가

41
evaluate
[ivǽljuèit]
evaluation 몡 평가

| 통 평가하다 | assess, judge, appraise, value |

evaluate the status of a building
건물의 상태를 평가하다

42
currently
[kə́ːrəntli]
current 혱 현재의

| 뷔 현재 | now, at the moment |

I am currently working as a bank teller.
저는 현재 은행원으로 일하고 있습니다.

43
assemble
[əsémbl]
assembly 몡 집회; 조립

| 통 모이다, ~을 모으다 | *meet*, gather, collect, convene |
| 통 <가구나 기계 등> 조립하다 | *connect*, construct, put together |

assemble a robot
로봇을 조립하다
The executives assembled in a meeting room.
임원들이 회의실에 모였다.

44
diverse
[daivə́ːrs]
diversity 몡 다양성
diversify 통 다양화하다

| 혱 다양한 | various, varied, mixed |

a group of people with diverse backgrounds
다양한 배경을 가진 사람들의 모임

45

execute
[éksikjùːt]

execution 몡 실행; 처형

통 실행하다, 수행하다	implement, *perform*, *achieve*, *obey*, *do*, fulfill, administer
통 처형하다, 사형하다	kill, hang

The dog successfully executed its master's commands.
그 개는 성공적으로 주인의 명령을 실행했다.
The man was executed for being a spy.
그 남자는 스파이라는 이유로 처형당했다.

☑ 지텔프 동의어 이렇게 출제된다

The prisoners were executed for their part in the rebellion.
(a) killed   (b) implemented
그 죄수들은 반란에 가담했기 때문에 처형되었다.
→ 문장 속의 execute는 '처형하다'란 의미이므로 (a) killed(실해된, 죽임을 당한)가 정답이다.

46

yield
[jiːld]

통 <결과, 수익 등을> 내다, 산출하다	*produce*, generate
통 ~에 응하다, 굴복하다 (~ to)	submit, surrender, give in

The new study yielded interesting results.
새로운 연구는 흥미로운 결과를 낳았다.
yield to demands 요구에 응하다

47

clarify
[klǽrəfài]

clarification 몡 (명료한) 설명

통 명료하게 설명하다, 분명히 하다	explain, illuminate, *elucidate*

Please clarify how I can help you.
제가 당신을 어떻게 도울 수 있는지 명확히 해 주세요.

48
facilitate
[fəsílitèit]

facilitation 명 촉진, 용이하게 함

동 원활하게 만들다, 용이하게 하다	promote, ease, expedite, speed up

facilitate learning
학습을 용이하게 하다
facilitate growth
성장을 용이하게 하다

49
characteristic
[kæ̀riktərístik]

명 특성, 특징	*trait*, feature, property
형 전형적인, 특유의	*typical*, special

characteristics of tropical fish
열대어의 특징

☑ 지텔프 동의어 이렇게 출제된다

Larry's easygoing attitude is **characteristic** of him.
(a) gentle   (b) typical
래리의 태평한 태도는 그의 전형적인 특징이다.

→ 문장 속의 characteristic은 '전형적인'이란 의미이므로
   (b) typical(전형적인, 특징적인)이 정답이다.

50
eliminate
[ilímənèit]

elimination 명 제거

동 없애다, 제거하다	remove, get rid of, eradicate, delete

eliminate the risk of fire
화재의 위험을 없애다
eliminate all the unnecessary items
불필요한 물건을 모두 없애다

■ 해당 단어의 동의어를 찾아 연결하세요.

1 enforce •   • ⓐ cause

2 suited •   • ⓑ seek

3 explore •   • ⓒ right

4 pursue •   • ⓓ implement

5 induce •   • ⓔ investigate

■ 밑줄 친 단어의 의미와 가장 유사한 단어를 고르세요.

6 **assemble** the pieces of the puzzle
   (a) connect   (b) convene   (c) exhibit   (d) flock

7 **enforce** the school's new policy on cheating
   (a) extend   (b) inspire   (c) compel   (d) implement

8 a **renowned** author of many best-selling novels
   (a) successful   (b) famous   (c) thriving   (d) limited

9 develop some of the most **advanced** weapons in the world
   (a) offensive   (b) strategic   (c) sophisticated   (d) conventional

10 The research is **backed** by data from a recent study.
   (a) reversed   (b) moved   (c) altered   (d) supported

Key Paraphrases

패러프레이징 빈출 표현

패러프레이징은 비슷한 의미를 다른 표현으로 나타내는 방식입니다. 본문과 정답 보기에 알맞게 패러프레이징된 표현을 매칭하는 것은 지텔프 독해의 핵심 전략이므로, 패러프레이징 빈출 표현을 익혀 독해 만점에 도전해 봅시다. 48＋점, 65＋점 목표라면 꼭 암기하세요!

본문	Paraphrasing	정답	☑ 암기 끝!
accessible to public transportation (대중교통을 쉽게 이용할 수 있는)	⋙	pedestrian-friendly (보행자 친화적인)	☐
one of the most popular fictions of 1600s (1600년대의 가장 인기 있는 소설 중 하나)	⋙	an enduring literary classic (오래가는 고전문학)	☐
move frequently (자주 이사하다)	⋙	rarely live in one place for long (한 곳에 오래 사는 일이 드물다)	☐
only in this area (이 지역에서만)	⋙	a specific location (구체적인 위치)	☐
clear and simple (명료하고 단순한)	⋙	easy to remember (기억하기 쉬운)	☐
imitate how others behaved (타인이 행동하는 것을 모방하다)	⋙	display the actions they learned (그들이 배운 행동을 하다)	☐
in contained conditions (밀폐된 상황에서)	⋙	in a controlled environment (통제된 환경에서)	☐
be produced in large quantities (대량으로 생산되다)	⋙	mass-produce (대량 생산하다)	☐
surround and cage fish (물고기를 둘러싸고 가두다)	⋙	corner fish (물고기를 코너로 몰다)	☐
do not hold moisture (습기를 머금지 않다)	⋙	resistance to water (내수성)	☐
work closely with (긴밀히 협력하다)	⋙	coordinate with (협의하다)	☐
not potent enough (충분히 강력하지 않은)	⋙	not having enough power (충분한 힘이 없는)	☐

01
assume
[əsjúːm]
assumption 몡 추정; 인수

| 동 ~라고 추정하다, 생각하다 | believe, presume, suppose, hypothesize |
| 동 <책임 등> 맡다 | *accept*, take on, undertake |

Emily **assumed** that David would be late.
에밀리는 데이비드가 늦을 것이라고 생각했다.
assume the role of a leader 지도자의 역할을 맡다

02
delay
[diléi]

| 몡 지연, 연기 | |
| 동 미루다, 연기하다 | postpone, defer, put off |

a **delay** in shipping 배송 지연
delay the release of an album 앨범 발매를 연기하다

03
install
[instɔ́ːl]
installation 몡 설치

| 동 설치하다 | set up |

install a printer 프린터를 설치하다

04
institution
[ìnstitjúːʃən]
institute 몡 연구소

| 몡 기관, 협회 | establishment, *congregation*, organization, foundation |

educational **institutions** 교육 기관

05
host
[houst]

| 몡 주최자, 개최자 | |
| 동 주최하다 | hold, provide, arrange |

the **host** country of the Olympics 올림픽 개최국
host a party 파티를 주최하다

06

coincide

[kòuinsáid]

coincidence 몡 우연의 일치, 동시 발생

통 동시에 일어나다	
통 일치하다	agree, match

The full moon always coincides with a high tide.
보름달은 항상 만조와 동시에 일어난다.
The results of the survey coincided with our expectations.
조사 결과는 우리의 예상과 일치했다.

07

merit

[mérit]

몡 장점, 가치	value, advantage, strength, virtue
통 받을 만하다, 받을 가치가 있다	deserve, *earn*, *justify*, warrant

have considerable merit 상당한 가치가 있다
The student's essay merits attention.
그 학생의 에세이는 주목받을 만하다.

☑ 지텔프 동의어 이렇게 출제된다

Andrea has been working hard to **merit** a pay rise.

(a) justify   (b) value

안드레아는 임금 인상을 받을 자격이 되도록 열심히 일해 왔다.

→ 문장 속의 merit은 '~을 받을 자격이 있다'란 의미이므로
(a) justify(정당화시키다, ~하는 것이 당연하다)가 정답이다.

08

discrimination

[diskrìmənéiʃən]

discriminate 통 차별하다

몡 차별	unfairness, injustice

racial discrimination 인종 차별

09

evidence

[évidəns]

evident 휑 명백한, 분명한

몡 증거	proof

The article lacks evidence.
그 기사는 증거가 부족하다.

10

commence
[kəméns]

동 시작되다, 시작하다	**start**, begin, open, initiate

The trial will **commence** on Monday.
재판은 월요일에 시작될 것이다.

> ☑ **지텔프 동의어 이렇게 출제된다**
>
> The construction project will **commence** next week.
> (a) start   (b) develop
> 건설 프로젝트는 다음 주에 시작될 것이다.
> → 문장 속의 commence는 '시작하다'란 의미이므로 (a) start(시작하다)가 정답이다.

11

refuse
[réfjuːs]

refusal 명 거절, 거부

동 거절하다, 거부하다	**decline**, reject, turn down

refuse to release the information
정보 공개를 거부하다

12

exceptional
[iksépʃənəl]

exception 명 예외

형 남다른, 특출난	special, excellent, remarkable, superior, extraordinary
형 예외적인	unusual, odd, strange

have an **exceptional** talent for dance
춤에 특출난 재능이 있다
exceptional circumstances 예외적인 상황

13

commodity
[kəmádəti]

명 상품	goods, products, merchandise

commodity prices 상품 가격

14

definitely
[défənitli]

definite 형 분명한, 틀림없는

부 분명히, 틀림없이	certainly, surely, clearly

The way people live will **definitely** change in the future.
사람들이 사는 방식은 미래에 분명히 바뀔 것이다.

15
brief
[briːf]
briefly 🖭 잠시; 간단하게

🗃 (시간이) 짧은, 잠시 동안의	short, temporary, momentary
🗃 (글이) 간단한, 간결한	concise

a **brief** period 짧은 기간
a **brief** email 간결한 이메일

16
confused
[kənfjúːzd]
confusion 🗃 혼란

🗃 혼란스러운	puzzled, bewildered, perplexed

confused about what to do
무엇을 해야 할지 혼란스러운

17
flexible
[fléksəbl]
flexibility 🗃 융통성, 유연성

🗃 융통성 있는, 유연한	compliant, pliable, adjustable

flexible working arrangements 유연 근무제

18
market
[máːrkit]

🗃 시장	
🗃 수요	demand, need
🗃 광고하다	

the stock **market** 주식 시장
market a business 사업체를 홍보하다

19
compensate
[kámpənsèit]
compensation 🗃 보상

🗃 보상하다	repay, reimburse, *make up*

compensate for the damage to a car
자동차의 손해를 배상하다

20
evolve
[iválv]
evolution 🗃 진화, 발전

🗃 진화하다, 발전하다	develop, grow, advance, progress

Humans have **evolved** over millions of years.
인간은 수백만 년에 걸쳐 진화해 왔다.

21

persist
[pərsíst]

persistence 명 지속; 고집

| 통 지속되다, 지속하다 | *continue*, last |

The problem persists in our society today.
오늘날에도 그 문제는 우리 사회에 남아 있다.

> ☑ 지텔프 동의어 이렇게 출제된다
>
> Despite his ankle pain, Shawn **persisted** and finished the race.
> (a) stood   (b) continued
> 발목 통증에도 불구하고, 숀은 버텼고 경주를 마쳤다.
> → 문장 속의 persist는 '지속하다'란 의미이므로 (b) continued(계속했다)가 정답이다.

22

contrast
[kántræst]

contrasting 형 대조적인

| 명 차이, 대조 | difference, comparison |
| 통 대조하다 | compare |

by contrast 대조적으로
contrast two different types of treatment
두 가지 다른 치료법을 대조하다

23

diminish
[dimíniʃ]

| 통 줄다, 줄이다 | decrease, decline, wane, dwindle |

The use of plastic bags has diminished in recent years.
최근 몇 년 동안 비닐봉지의 사용이 줄어들었다.

24

explicit
[iksplísit]

| 형 분명한, 명확한 | clear, overt |

explicit instructions 명확한 지시사항

25

avid
[ǽvid]

| 형 열렬한, 열성적인 | *eager, enthusiastic*, passionate, devoted |

an avid reader 열렬한 독자

26

controversial
[kàntrəvə́:rʃəl]

controversy 몡 논란, 논쟁

🗗 논란이 되는 | disputed, disputable, debatable

the controversial issue of gun control
논란이 되고 있는 총기 규제 문제

27

thoroughly
[θə́:rouli]

thorough 톙 철저한, 빈틈없는

🗗 철저히, 완벽하게 | *carefully*, completely, comprehensively

thoroughly prepare for exams 시험을 철저히 준비하다

28

fragile
[frǽdʒəl]

fragility 몡 연약함, 불안정함

🗗 부서지기 쉬운, 여린 | *breakable*, brittle, *delicate*, weak, frail

fragile glass 깨지기 쉬운 유리

☑ 지텔프 동의어 이렇게 출제된다

Newly hatched snailsare known to have **fragile** shells.
(a) delicate   (b) clear
새로 부화한 달팽이는 깨지기 쉬운 껍질을 가지고 있는 것으로 알려져 있다.
→ 문장 속의 fragile은 '여린, 깨지기 쉬운'이란 의미이므로
   (a) delicate(연약한)이 정답이다.

29

compile
[kəmpáil]

compilation 몡 모음집; 편집

🗗 (여러 자료를) 엮다, 편집하다 | gather, put together

compile all of the articles into a single document
모든 기사를 하나의 문서로 정리하다

30

relative
[rélətiv]

relatively 🖣 상대적으로

🗗 혈연이나 결혼으로 맺어진 사람(부모, 배우자, 후손 등)

🗗 상대적인 | comparative

close relatives 가까운 친인척
There is a relative lack of information available.
이용할 수 있는 정보가 상대적으로 부족하다.

31

restrict
[ristríkt]

restriction 명 제한, 제약

동 제한하다, 제약하다   *impede*, *limit*, restrain

restrict movement to prevent the spread of disease
질병 확산을 막기 위해 이동을 제한하다

☑ 지텔프 동의어 이렇게 출제된다

This jacket may feel tight but doesn't **restrict** movement.
(a) weaken   (b) impede

이 재킷은 꽉 끼는 느낌일 수 있지만, 움직임을 제한하지 않는다.
→ 문장 속의 restrict는 '제한하다, 제약하다'란 의미이므로
   (b) impede(방해하다)가 정답이다.

32

oppose
[əpóuz]

opposition 명 반대
opponent 명 적, 반대자

동 반대하다   counter, confront

oppose a new policy 새 정책에 반대하다

33

deserve
[dizə́:rv]

동 받을 만하다   merit, earn, justify

deserve good grades 좋은 성적을 받을 만하다

34

harmful
[há:rmfəl]

harm 동 해를 끼치다
명 (피)해

형 해로운   damaging, *adverse*, *detrimental*, negative, hazardous

harmful effects of smoking 흡연의 해로운 영향

35

translate
[trænsléit]

translation 명 번역

동 번역하다   interpret, paraphrase

translate a sentence into Spanish
문장을 스페인어로 번역하다

36
refine
[rifáin]

| 동 정제하다 | purify, filter |
| 동 개선하다, 다듬다 | *improve*, *develop*, perfect, hone |

refine crude oil 원유를 정제하다
refine the manufacturing process 제조 공정을 개선하다

☑ 지텔프 동의어 이렇게 출제된다

In order to **refine** her acting, Maria practiced in front of a mirror.
(a) improve   (b) supplement
자신의 연기를 다듬기 위해, 마리아는 거울 앞에서 연습했다.
→ 문장 속의 refine은 '개선하다, 다듬다'란 의미이므로 (a) improve (개선하다)가 정답이다.

37
conceive
[kənsíːv]

| 동 (마음속으로) 상상하다 | imagine, envisage |
| 동 임신하다 | |

conceive the idea of going to the moon
달에 가는 상상을 하다
conceive a child
아이를 가지다

38
exploit
[éksplɔit]
exploitation 명 (부당한) 이용, 착취

| 동 (부당하게) 이용하다, 착취하다 | abuse, manipulate |

exploit workers by paying low wages
저임금으로 노동자를 착취하다

39
fascinate
[fǽsənèit]
fascination 명 매력, 매혹됨
fascinating 형 매혹적인

| 동 마음을 사로잡다 | captivate, charm, delight |

fascinate the audience 관객의 마음을 사로잡다

40
literary
[lítərèri]

웹 문학의	

literary fiction 문학 소설

41
persuade
[pərswéid]
persuasive 웹 설득력 있는

동 설득하다, 납득시키다	*convince, reassure*

fail to persuade the investors
투자자들을 설득하는 데 실패하다

42
stable
[stéibl]
stability 명 안정(성)

웹 안정적인	*secure, reliable*, sound

a stable relationship 안정적인 관계
a stable job 안정적인 직업

☑ 지텔프 동의어 이렇게 출제된다

Charles needed to start investing for a **stable** future.
(a) sharp   (b) secure
찰스는 안정적인 미래를 위해 투자를 시작할 필요가 있었다.
→ 문장 속의 stable은 '안정적인'이란 의미이므로 (b) secure(안정된, 안정적인)가 정답이다.

43
defeat
[difí:t]

동 물리치다, 패배시키다	beat, destroy, overwhelm
명 패배	

defeat the opponent
상대를 물리치다

44
hierarchy
[háiərà:rki]

명 계급, 계층	ranking

The military has a strict hierarchy.
군대에는 엄격한 계급 체계가 있다.

45

independence
[indipéndəns]

independent 형 독립적인

명 독립(성)	autonomy, freedom

Independence Day 독립 기념일
financial independence 경제적 독립

46

occasion
[əkéiʒən]

occasionally 부 때때로, 가끔

명 때, 경우	moment, time
명 행사	event, function, celebration

be late on numerous occasions
여러 차례 지각하다
special occasions 특별한 행사

47

devote
[divóut]

devotion 명 헌신, 전념

동 바치다, 쏟다	dedicate, commit, give

devote time to developing a new product
신제품 개발에 시간을 바치다

48

identical
[aidéntikəl]

형 동일한, 똑같은	equal, the same, duplicate

two identical DNAs 동일한 두 개의 DNA

49

territory
[téritɔ̀:ri]

명 영토	area, land
명 영역	zone, sector

Puerto Rico is a U.S. territory.
푸에르토리코는 미국 영토이다.
Cats mark their territory with urine.
고양이는 오줌으로 자신의 영역을 표시한다.

50

seldom
[séldəm]

부 거의 ~않는	rarely

Timothy seldom reads books.
티모시는 거의 책을 읽지 않는다.

■ 해당 단어의 동의어를 찾아 연결하세요.

1 avid •   • ⓐ compare

2 commence •   • ⓑ start

3 refuse •   • ⓒ decline

4 brief •   • ⓓ momentary

5 contrast •   • ⓔ enthusiastic

■ 밑줄 친 단어의 의미와 가장 유사한 단어를 고르세요.

6 **persuade** Olivia to change her mind
   (a) evolve   (b) satisfy   (c) compensate   (d) convince

7 show **exceptional** customer service skills
   (a) excellent   (b) irregular   (c) flexible   (d) strange

8 **delay** the release of the new product
   (a) refuse   (b) postpone   (c) hinder   (d) restrict

9 **thoroughly** check the document
   (a) relatively   (b) slowly   (c) securely   (d) carefully

10 **assume** the debt of the previous owner
   (a) imagine   (b) coincide   (c) accept   (d) guess

Key Paraphrases

LEVEL UP⁺

패러프레이징 빈출 표현

패러프레이징은 비슷한 의미를 다른 표현으로 나타내는 방식입니다. 본문과 정답 보기에 알맞게 패러프레이징된 표현을 매칭하는 것은 지텔프 독해의 핵심 전략이므로, 패러프레이징 빈출 표현을 익혀 독해 만점에 도전해 봅시다. 48+점, 65+점 목표라면 꼭 암기하세요!

본문	Paraphrasing	정답	☑ 암기 끝!
may fall prey to predators (포식자의 먹이가 될 수 있다)	≫	in a dangerous environment (위험한 환경에 있는)	☐
within one to two days (1일에서 2일 이내에)	≫	in two days or less (2일 이내에)	☐
cut down all the trees (모든 나무를 베다)	≫	deforestation (삼림 파괴)	☐
have a variety of illnesses (여러 가지 질병을 갖고 있다)	≫	experience a decline in health (건강 쇠약을 겪다)	☐
shortest adult lifespan (가장 짧은 성체 수명)	≫	extremely brief mature stage (극도로 짧은 다 자란 단계)	☐
skin (피부)	≫	the surface of the body (신체의 표면)	☐
be accidently created during an experiment (실험 도중 우연히 생성되다)	≫	a byproduct of research (연구의 부산물)	☐
have the same interest in (~에 대해 같은 관심을 가지고 있다)	≫	be passionate about similar subjects (유사한 주제에 대해 열정적이다)	☐
provide relief against arthritis (관절염을 완화시키다)	≫	with medical applications (의학적으로 응용이 되는)	☐
get involved in civil rights movement (시민 평등권 운동에 연루되다)	≫	become an activist (운동가가 되다)	☐
form the majority of the workforce (노동력의 대다수를 구성하다)	≫	make up a significant number of workers (상당한 수의 근로자를 구성하다)	☐
improve health (건강을 개선시키다)	≫	provide health benefits (건강상 이점을 제공하다)	☐

01 thrive
[θraiv]

동 <식물 등> 잘 자라다, <사업 등> 번창하다

succeed, *excel*, prosper, flourish

The plants are **thriving** in the new greenhouse.
식물들이 새 온실에서 잘 자라고 있다.
The small town **thrived** on tourism.
그 작은 마을은 관광으로 번창했다.

☑ 지텔프 동의어 이렇게 출제된다

The school managed to **thrive** during the years of budget cuts.
(a) succeed   (b) extend
학교는 예산 삭감이 있던 수년 동안 번창할 수 있었다.
→ 문장 속의 thrive는 '번창하다, 성공하다'란 의미이므로 (a) succeed(성공하다)가 정답이다.

02 conform
[kənfɔ́ːrm]

동 순응하다, (집단의) 다른 구성원들과 같이 행동하다

동 <규칙, 법 등을> 준수하다, 따르다

adjust, adapt

Carrie refused to **conform** to the masses.
캐리는 대중을 따르는 것을 거부했다.
conform to safety standards
안전 기준을 준수하다

03 hypothesis
[haipáθisis]

명 가설

assumption

confirm a **hypothesis** 가설을 입증하다

04 resident
[rézidənt]

residential 형 주택지의; 거주용의
residence 명 주택, 거주지

명 거주자, 주민

inhabitant, tenant, occupant

Local **residents** were against the construction plan.
지역 주민들은 건설 계획에 반대했다.

05

differentiate
[dìfərénʃièit]

동 구별하다, 식별하다	distinguish, separate, discern, *segregate*

Melissa can't **differentiate** between red and orange.
멜리사는 붉은색과 주황색을 구별하지 못한다.

06

handle
[hǽndl]

동 <상황, 업무, 사람 등을> 다루다, 처리하다	*address*, manage, deal with, take care of

Martha **handled** the situation with ease.
마사는 그 상황을 쉽게 처리했다.

07

inhibit
[inhíbit]

inhibition 명 방해, 억제

동 방해하다, 억제하다	*prevent*, hinder, restrain, impede

The chemicals **inhibit** harmful bacteria growth.
그 화학물질은 해로운 박테리아의 성장을 억제한다.

08

inspection
[inspékʃən]

inspect 동 점검하다, 시찰하다, 검사하다

명 점검, 시찰, 검사	check, examination, investigation

an annual building **inspection** 연례 건물 시찰
a close **inspection** of a fossil 화석의 정밀 검사

09

loyal
[lɔ́iəl]

형 충실한, 충성스러운	faithful, *devoted*

loyal customers 충성 고객
The queen was **loyal** to her country.
여왕은 자신의 국가에 충성했다.

☑ 지텔프 동의어 이렇게 출제된다

Jeffrey has been a **loyal** member of the organization for many years.

(a) leading　　　　(b) devoted

제프리는 수년 동안 그 단체의 충실한 멤버였다.

→ 문장 속의 **loyal**은 '충실한'이란 의미이므로 (b) devoted(헌신적인)가 정답이다.

10
convert
[kánvəːrt]
conversion 몡 전환

통 전환하다, 바꾸다	*change*, *transform*, *turn*, alter

The farmer wanted to convert his land into a wheat field.
농부는 자신의 땅을 밀밭으로 전환하기를 원했다.

11
ignorant
[íɡnərənt]
ignorance 몡 무지(함), 무식(함)

혱 무식한, 무지한	uneducated, insensitive, unaware

some ignorant people 일부 무지한 사람들
He was ignorant of literature. 그는 문학에 대해 무지했다.

12
merely
[míərli]
mere 혱 겨우, 불과

붐 단지	only, just

The tree is merely three inches in diameter.
그 나무는 지름이 단지 3인치밖에 되지 않는다.

13
invention
[invénʃən]
invent 통 발명하다
inventor 몡 발명가

몡 발명품, 발명	creation, discovery

The telephone is a widely used invention.
전화기는 널리 사용되는 발명품이다.
invention of nylon 나일론의 발명

14
relieve
[rilíːv]

통 완화하다, 안도하게 하다	ease, alleviate, reduce

relieve poverty 빈곤을 완화하다
Jesse was relieved that he was not late.
제시는 지각하지 않아서 안도했다.

15
exchange
[ikstʃéindʒ]

몡 교환	trade
통 교환하다	trade, switch, interchange, change

I would like to exchange this shirt for a new one.
이 셔츠를 새것으로 교환하고 싶습니다.
Frank got a bike in exchange for his skateboard.
프랭크는 자신의 스케이트보드를 주고 자전거를 받았다.

16
infection
[infékʃən]

infect 통 감염시키다

명 감염

A virus infection can be prevented with a vaccine.
바이러스 감염은 백신으로 예방할 수 있다.

17
compel
[kəmpél]

compelling 형 설득력 있는, 강력한;
강렬한

동 강요하다, 강제하다   *force*, make, oblige

Bryan was compelled to go to medical school.
브라이언은 어쩔 수 없이 의대에 진학했다.

☑ 지텔프 동의어 이렇게 출제된다

The family was **compelled** to leave their home after
the hurricane hit.
(a) forced   (b) pursued
허리케인이 강타한 후 그 가족은 어쩔 수 없이 집을 떠나야 했다.
→ 문장 속의 compel은 '강요하다'란 의미로 'be compelled to부정
사'는 '어쩔 수 없이 ~하게 되다'란 의미이다. 따라서 이와 같은 의미의
'be forced to부정사'를 구성하는 (a) forced가 정답이다.

18
treatment
[trí:tmənt]

treat 통 치료하다; 대우하다; 처리하다
명 선물, 대접

명 치료(법)	cure, remedy
명 <사람에 대한> 대우	handling, management
명 <약품 등의> 처리	

The patient's costly treatment was not effective.
그 환자의 값비싼 치료는 효과가 없었다.
inadequate treatment of prisoners
죄수들에 대한 부적절한 처우

19
mature
[mətʃúər]

immature 형 다 자라지 못한;
미숙한, 미성숙한

| 형 다 자란 | grown, grown-up |
| 형 어른스러운, 성숙한 | experienced |

The insect is in its mature stage.
그 곤충은 다 자란 상태이다.
The young ballet dancer is known for his mature
artistic expressions.
그 젊은 발레 무용수는 성숙한 예술적 표현으로 유명하다.

20
liberation
[lìbəréiʃən]
liberate 통 해방하다

명 해방	freedom, release

women's liberation movement 여성 해방 운동

21
constrain
[kənstréin]
constraint 명 제약

동 제약하다, 방해하다	restrict, restrain, limit, curb

Asian actors feel constrained by the lack of available roles in the U.S.
미국에서 아시아계 배우들은 가능한 배역의 부족 때문에 제약을 느낀다.

22
fluctuation
[flʌ̀ktʃuéiʃən]
fluctuate 통 변동하다, 오르내리다

명 변동	change, swing, oscillation

fluctuation in fuel prices 연료 가격의 변동

23
immigrate
[íməgrèit]
immigration 명 이주, 이민

동 이주해 오다, 이민 오다	

immigrate to a new country 새로운 나라로 이주해 오다
He immigrated from Romania. 그는 루마니아에서 이민을 왔다.

24
confine
[kánfain]

동 한정하다	*limit*, restrict, restrain
동 가두다	imprison, keep

We should confine the use of the phone to emergencies.
우리는 전화의 사용을 긴급 상황으로 제한해야 한다.
I was confined in a wheelchair for six months after my accident.
나는 사고 후 6개월 동안 휠체어에 갇혀 있었다.

☑ 지텔프 동의어 이렇게 출제된다

We tried to **confine** the discussion to the relevant topics.

(a) restrict   (b) enclose

우리는 토론을 관련 주제에 국한시키려 했다.

→ 문장 속의 confine은 '한정하다, 국한시키다'란 의미이므로
   (a) restrict(제한하다)가 정답이다.

---

25 innovative
[ínəvèitiv]

innovation 명 혁신, 획기적인 것

형 혁신적인, 획기적인	new, fresh, novel

an **innovative** approach to advertising
광고에 대한 혁신적인 접근법

26 mutually
[mjú:tʃuəli]

mutual 형 서로의, 상호간의

부 서로, 상호간에

a **mutually** beneficial business relationship
서로에게 이로운 사업 관계

27 audience
[ɔ́:diəns]

명 대상, 시청자(층), 독자(층)	viewers
명 청중, 관중	crowd, public

The classic novel is popular with modern **audiences**.
그 고전 소설은 현대 독자들에게 인기가 있다.
perform in front of large **audiences**
많은 청중들 앞에서 공연하다

28 shelter
[ʃéltər]

명 피난(처), 보호시설	protection, cover, safety

The animals were seeking **shelter** from the storm.
동물들은 폭풍으로부터 피난처를 찾고 있었다.

29 expedition
[èkspidíʃən]

expedite 동 더 신속히 처리하다

명 탐험(대)	exploration, mission

The explorer led an **expedition** to find the lost city.
탐험가는 잃어버린 도시를 찾기 위해 탐험대를 이끌었다.

30 intervene
[ìntərví:n]

동 개입하다, 끼어들다	interfere, mediate

The government decided to **intervene** in the war.
정부는 전쟁에 개입하기로 결정했다.

31

prominent
[prámənənt]

prominently ⓟ 눈에 잘 띄게

ⓗ 저명한, 유력한	famous, **leading**, important, noted, notable, renowned
ⓗ 눈에 잘 띄는, 두드러진	noticeable

Julie is a **prominent** figure in the arts.
줄리는 예술계에서 저명한 인물이다.
The painting hung in a **prominent** position in the museum.
그림은 박물관에서 눈에 잘 띄는 곳에 걸려 있었다.

> **☑ 지텔프 동의어 이렇게 출제된다**
>
> Lucretia Mott was a <u>prominent</u> figure in the feminist movement.
> (a) obvious   (b) leading
> 루크레티아 모트는 페미니스트 운동에서 중요한 인물이었다.
> → 문장 속의 prominent는 '저명한, 유력한'이란 의미이므로
>   (b) leading(주요한, 선도하는)이 정답이다.

32

contrary
[kántreri]

ⓗ 반대되는, 상반되는	opposite, opposed, counter
ⓟ 반대로, 상반되게	

Timothy chose to study psychology **contrary** to his parents' wishes.
티모시는 부모님의 바람과는 달리 심리학을 공부하기로 선택했다.

33

household
[háushòuld]

ⓗ 가정(용)의	
ⓜ 가구, 가족	family, home

household appliances 가전제품
produce **household** items
생활 용품을 생산하다

34

remind
[rimáind]

reminder ⓜ 상기시키는 것

ⓔ 상기시키다

remind the residents of the no-pet policy
주민들에게 반려 동물 금지 정책을 상기시키다

35
convene
[kənvíːn]

동 <회의 등> 소집하다, 모이다 | gather, assemble, meet

Many countries **convened** in Geneva to discuss the crisis.
많은 나라들이 그 위기를 논의하기 위해 제네바에 모였다.

36
found
[faund]

founder 명 창립자, 설립자

동 설립하다 | establish, *create*, *form*, start, build

Megan **founded** a game company.
메건은 게임 회사를 설립했다.

37
denote
[dinóut]

동 나타내다, 의미하다 | *mean*, imply, signify

The Greek word "agape" **denotes** unconditional love.
그리스어 아가페는 무조건적인 사랑을 의미한다.

☑ 지텔프 동의어 이렇게 출제된다

In literature, the color blue often **denotes** sadness.
(a) declines   (b) means

문학에서 파란색은 종종 슬픔을 나타낸다.

→ 문장 속의 denote는 '나타내다, 의미하다'란 의미이므로
  (b) means(의미하다)가 정답이다.

38
embrace
[imbréis]

동 <적극적으로> 수용하다, 받아들이다 | accept, welcome, adopt

동 껴안다, 포옹하다 | hug

embrace new concepts
새로운 개념을 받아들이다

39
charity
[tʃǽrəti]

charitable 형 자선의

명 자선, 자선 단체

Johnny loves to devote his time to **charity**.
자니는 자신의 시간을 자선 단체에 바치는 것을 매우 좋아한다.

40
protest
[próutèst]

| 동 항의하다 | complain, demonstrate |
| 명 항의 | demonstration |

protest about a defective product 불량품에 항의하다
a political protest rally 정치 항의 집회

41
incidence
[ínsidəns]

| 명 발생률, 발생 빈도 | frequency, occurrence |

lower the incidence of disease
질병의 발생률을 낮추다

42
precede
[prisí:d]

| 동 선행하다, ~보다 먼저 발생하다 |

A welcome speech preceded the performance.
공연에 앞서 환영사가 있었다.

43
aptly
[ǽptli]
apt 형 적절한

| 부 적절하게 | *fittingly*, appropriately |

There were actually few cars on the aptly named "Lonely Road."
"외로운 길"이라고 적절하게 이름이 지어진 도로에는 실제로 차들이 거의 없었다.

44
correspondence
[kɔ̀(:)rispándəns]
correspond 동 서신을 주고받다; 일치하다
correspondent 명 특파원, 기자

| 명 서신 | communication, letter |

business correspondence
업무용 서신

45
injury
[índʒəri]
injured 형 부상을 입은, 다친

| 명 부상 | *damage*, wound |

recovery from injuries 부상으로부터의 회복

46
motivated
[móutəvèitid]
motivation 몡 의욕; 동기
motivate 통 동기부여하다

| 혱 의욕이 있는 | inspired, *prompted* |

I felt motivated to continue working hard.
나는 계속 열심히 일해야겠다는 의욕을 느꼈다.

47
descendant
[diséndənt]
descend 통 내려가다

| 몡 후손 | offspring, relative |

a direct descendant of the king 왕의 직계 후손

48
insight
[ínsàit]

| 몡 통찰(력) | understanding |

The study grants insight into dogs' behavior.
그 연구는 개의 행동에 대한 통찰을 준다.

49
speculate
[spékjəlèit]
speculation 몡 추측

| 통 추측하다 | *guess*, suppose, conjecture |

Researchers speculate that the universe is infinite.
연구자들은 우주가 무한하다고 추측한다.

☑ 지텔프 동의어 이렇게 출제된다

Some scientists speculate that the universe began with a big bang.
(a) suppose   (b) observe
일부 과학자들은 우주가 대폭발과 함께 시작되었다고 추측한다.
→ 문장 속의 speculate는 '추측하다'란 의미이므로 (a) suppose
(~라고 생각하다, 추측하다)가 정답이다.

50
inclined
[inkláind]
inclination 몡 의향; 경향

| 혱 ~쪽으로 기우는, ~하고 싶은 | *disposed*, prone, likely |

I was inclined to believe that he was telling the truth.
나는 그가 진실을 말하고 있다고 믿는 쪽으로 기울었다.

■ 해당 단어의 동의어를 찾아 연결하세요.

1 convert •

• ⓐ protection

2 thrive •

• ⓑ change

3 inspection •

• ⓒ distinguish

4 differentiate •

• ⓓ examination

5 shelter •

• ⓔ flourish

■ 밑줄 친 단어의 의미와 가장 유사한 단어를 고르세요.

6 **convert** the room into a home office

(a) inspect   (b) turn   (c) customize   (d) denote

7 feel **inclined** to go for a walk

(a) prominent   (b) compelled   (c) disposed   (d) ready

8 **founded** the organization in 2011

(a) established   (b) relieved   (c) reorganized   (d) intervened

9 **handle** customer complaints in a timely manner

(a) constrain   (b) address   (c) operate   (d) remind

10 Too much cardio may **inhibit** your ability to build muscle.

(a) succeed   (b) distribute   (c) defy   (d) prevent

Key Paraphrases

패러프레이징 빈출 표현

패러프레이징은 비슷한 의미를 다른 표현으로 나타내는 방식입니다. 본문과 정답 보기에 알맞게 패러프레이징된 표현을 매칭하는 것은 지텔프 독해의 핵심 전략이므로, 패러프레이징 빈출 표현을 익혀 독해 만점에 도전해 봅시다. 48+점, 65+점 목표라면 꼭 암기하세요!

본문	Paraphrasing	정답	☑ 암기 끝!
a stylish outfit (스타일리시한 의상)	>>>	tasteful (감각 있는)	☐
a list of references and a résumé (추천인 목록과 이력서)	>>>	some documents (몇몇 문서)	☐
critically acclaimed (비평가들로부터 높은 평가를 받은)	>>>	highly regarded by critics (비평가들에 의해 높이 평가되는)	☐
promote concepts such as peace (평화와 같은 개념을 장려하다)	>>>	embrace a harmonious way of life (사이좋은 생활 방식을 받아들이다)	☐
be boring (지루하다)	>>>	lack entertainment (오락거리가 부족하다)	☐
a dedicated fanbase (열성적인 팬층)	>>>	enthusiastic supporters (열렬한 서포터들)	☐
frequent shoppers (자주 오는 쇼핑객)	>>>	preferred customers (우대 고객)	☐
lead cattle (소떼를 이끌다)	>>>	herd cows (소들을 몰다)	☐
Thank you. (고맙습니다.)	>>>	express appreciation (감사를 표하다)	☐
clear and confident (명확하고 자신 있는)	>>>	a sense of certainty (확신감)	☐
be widely read today (오늘날 널리 읽히다)	>>>	appeal to a modern audience (현대 독자들에게 어필하다)	☐
the fastest marine creature (가장 빠른 해양 생물)	>>>	the ocean's speediest swimmer (바다의 가장 빠른 수영 선수)	☐

01
contract
명 [kántrækt]
동 [kəntrǽkt]

명 계약	deal, agreement, arrangement
동 계약하다, 계약을 맺다	*hire*, arrange
동 <질병 등> 걸리다	develop, *get*, catch

sign a contract 계약서에 서명하다
contract a virus 바이러스에 감염되다

02
vegetation
[vèdʒitéiʃən]

명 식물, 초목	plants

green vegetation 푸른 초목

03
labor
[léibər]
laborer 명 노동자

명 노동	work, toil
동 일하다, 노동하다, 노력하다	work, endeavor, strive

manual labor 육체노동

04
conceal
[kənsíːl]

동 숨기다	*hide*, cover, bury

conceal his true identity 그의 진짜 신분을 숨기다

☑ 지텔프 동의어 이렇게 출제된다

Frank was able to **conceal** the gun in his jacket without being seen.
(a) hide   (b) assemble
프랭크는 눈에 띄지 않게 재킷 안에 총을 숨길 수 있었다.
→ 문장 속의 conceal은 '숨기다'란 의미이므로 (a) hide(감추다, 숨기다)가 정답이다.

05
instruct
[instrʌ́kt]
instruction 몡 지시, 설명

| 튕 지시하다 | order, command, tell |

instruct the staff to submit their reports
직원들에게 보고서를 제출하도록 지시하다

06
detective
[ditéktiv]
detect 튕 발견하다, 감지하다
(= find)

| 몡 탐정 | investigator, sleuth |

a detective novel 추리[탐정] 소설

07
apprentice
[əpréntis]
apprenticeship 몡 견습 기간

| 몡 견습생 | *trainee*, pupil |

The master sculptor invited Mary to become his apprentice.
거장 조각가가 메리에게 자신의 견습생이 되라고 제안했다.

08
invoke
[invóuk]

| 튕 <법·규칙 등> 발동하다 | implement, resort to |
| 튕 (주장을 뒷받침하려고) 언급하다 | mention, cite, quote |

The government invoked martial law.
정부는 계엄령을 발동했다.
The author invoked scholars in order to support her claim. 저자는 자신의 주장을 뒷받침하기 위해 학자들을 언급했다.

09
regulate
[régjəlèit]
regulation 몡 규제; 규정

| 튕 규제하다 | *control*, govern |

regulate the use of pesticides in agriculture
농업에서 살충제 사용을 규제하다

☑ 지텔프 동의어 이렇게 출제된다

The government will **regulate** the prices of essential goods.
(a) monitor　　(b) control
정부는 필수품의 가격을 규제할 것이다.
→ 문장 속의 regulate는 '규제하다'란 의미이므로 (b) control(통제하다, 규제하다)이 정답이다.

10 annual
[ǽnjuəl]
annually ⑨ 매년

⑱ 연례의, 연간의	yearly

annual salary 연봉
an annual event 연례 행사

11 convenient
[kənvíːnjənt]
convenience ⑲ 편리(함)

⑱ 편리한	

It is convenient to live close to your work.
직장과 가까운 곳에 사는 것은 편리하다.

12 particulars
[pərtíkjulərz]

⑲ 상세(한 것), 세부 사항	*details*, specifics

give particulars about the project
프로젝트에 대한 세부 사항을 전달하다

13 discharge
[distʃɑ́ːrdʒ]

⑧ 배출하다, 방출하다	*release*, free
⑧ 해고하다, 떠나게 하다	dismiss, expel, liberate

discharge chemicals into the air
화학물질을 대기 중으로 배출하다

14 sales
[seilz]

⑲ 판매량, 매출	
⑲ 영업(부)	

increased sales 증가된 매출
a sales team 영업팀

15 erosion
[iróuʒən]
erode ⑧ 침식되다, 침식시키다

⑲ 침식	corrosion

erosion of the coastline 해안선의 침식

16
employment
[implɔ́imənt]

employ ⑧ 고용하다
employee ⑲ 직원, 종업원
employer ⑲ 고용주

⑲ 고용, 취업	
⑲ 직장, 일자리	work, position, job

increase **employment** 고용을 늘리다
find **employment** 일자리를 구하다

17
reasonable
[ríːzənəbl]

reasonably ⑨ 합리적으로

⑱ 합리적인, 타당한	*moderate*, modest, fair, acceptable

a **reasonable** request 합당한 요구
a **reasonable** price 합리적인 가격

18
inherent
[inhí(ː)ərənt]

⑱ 고유의, 내재하는	intrinsic

There are many risks **inherent** in investment.
투자에는 많은 내재된 위험이 있다.

19
notable
[nóutəbl]

⑱ 주목할 만한, 두드러진	remarkable, noticeable
⑱ 유명한	famous, prominent, renowned, celebrated

A **notable** feature of the product is its durability.
그 제품의 두드러진 특징은 내구성이다.
a **notable** figure 유명 인사

☑ 지텔프 동의어 이렇게 출제된다

Rebecca made a **notable** contribution to the community.
(a) remarkable   (b) renowned
레베카는 지역사회에 주목할 만한 기여를 했다.
→ 문장 속의 notable은 '주목할 만한'이란 의미이므로
(a) remarkable(주목할 만한, 놀라운)이 정답이다.

20
marginal
[máːrdʒənəl]

⑱ 미미한, 근소한	slight, minor, negligible, insignificant

marginal changes in the price of gasoline
휘발유 가격의 근소한 변화

21

prevail

[privéil]

| 통 만연하다, 널리 퍼져 있다 | abound, predominate |
| 통 이기다, 승리하다 | win, triumph |

Anxiety prevailed among the students taking the test.
시험을 보는 학생들 사이에 불안감이 퍼져 있었다.

22

expand

[ikspǽnd]

expansive 형 넓은, 광범위한
expansion 명 확장

| 통 확장하다, 넓히다, 팽창시키다 | grow, *develop*, *enlarge*, *spread*, broaden |

expand the business   사업을 확장하다
expand your horizon   시야를 넓히다

23

accordingly

[əkɔ́:rdiŋli]

| 부 그에 따라 | appropriately, correspondingly |

The hospital will respond accordingly to the patient's condition.
병원은 환자의 상태에 따라 대응할 것이다.

24

offset

[ɔ́(:)fsèt]

| 통 상쇄하다 | balance, counteract, redeem |

offset losses by reducing expenses
비용을 절감하여 손실을 상쇄하다

25

deposit

[dipázit]

명 예금, 보증금	
통 예금하다	save
통 ~에 두다[놓다]	put, place, *drop*

security deposit
보증금
deposit trash in the proper receptacle
쓰레기를 적절한 용기에 넣다

26
irrational
[iræʃənəl]
🔄 rational 📋 이성적인, 합리적인

| 📋 비이성적인, 비합리적인 | illogical, unreasonable, absurd |

An **irrational** fear can lead to a phobia.
비이성적인 두려움은 공포증으로 이어질 수 있다.

27
pact
[pækt]

| 📋 협정, 계약 | agreement, contract, deal, bargain |

make a **pact** with the government
정부와 계약을 맺다

28
traditional
[trədíʃənəl]

| 📋 전통적인 | conventional |

traditional culture 전통 문화

29
earn
[əːrn]

| 📋 (돈을) 벌다 | get |
| 📋 (자격이 되어) ~을 얻다, 획득하다 | gain, deserve, justify, merit |

earn fortunes in real estate 부동산으로 재산을 모으다
earn a reputation 평판을 얻다

☑ 지텔프 동의어 이렇게 출제된다

Sheryl Sandberg is an independent woman who has **earned** the respect of many.
(a) paid   (b) gained
셰릴 샌드버그는 많은 사람들의 존경을 얻은 독립적인 여성이다.
→ 문장 속의 earn은 '얻다, 획득하다'란 의미이므로 (b) gained(얻었다)가 정답이다.

30

tolerance

[tálərəns]

tolerate 图 용인하다; 참다, 견뎌내다

명 관대함, 관용	forbearance, sympathy
명 내성	resistance

tolerance to a medication 약물에 대한 내성
tolerance towards those who are different from us
우리와 다른 사람들에 대한 관용

31

modify

[mádəfài]

modification 명 수정

동 수정하다	*adjust*, change, alter

modify the lesson plan 교안을 수정하다

32

intense

[inténs]

intensely 🖳 극심하게, 몹시
intensify 图 심해지다, 강화하다

형 극심한, 치열한	*severe*, extreme, fierce, harsh

intense storms 극심한 폭풍우

33

nutrition

[njuːtríʃən]

nutrient 명 영양소, 영양분
nutritional 형 영양의

명 영양, 영양 섭취	food, nourishment

adequate **nutrition** 충분한 영양 섭취

34

warranty

[wɔ́(ː)rənti]

명 보증(서)	guarantee

The **warranty** period is one year from the date of purchase.
보증 기간은 구매일로부터 1년이다.

35

remote

[rimóut]

형 원격의, 먼 곳에 있는	distant

a **remote** control device 원격 조종 장치

36
attend
[əténd]

attendance 명 출석; 참석
attendee 명 출석자; 참석자

동 참석하다	
동 (학교 등)다니다	

attend a conference 학회에 참석하다
attend a university 대학에 다니다

37
optimistic
[àptəmístik]

형 낙관적인, 낙천적인	hopeful, positive, confident

take an optimistic view of the future
미래를 낙관적으로 보다

38
reliant
[riláiənt]

reliance 명 의존, 의지

형 의존하는, 의지하는	*dependent*

The team is too reliant on its star player.
그 팀은 스타 선수에게 너무 의존하고 있다.

☑ 지텔프 동의어 이렇게 출제된다

> Jack is **reliant** on his coach for motivation.
> (a) trustworthy　　(b) dependent
> 잭은 동기부여를 위해 코치에게 의존한다.
> → 문장 속의 reliant는 '의존하는'이란 의미이므로 (b) dependent(의지하는, 의존적인)가 정답이다.

39
structure
[strʌ́ktʃər]

structural 형 구조상의, 구조적인

명 구조, 구성	
명 구조물, 건축물	

brain structure 뇌구조
an ancient structure 고대 건축물

40
ongoing
[ángòuiŋ]

형 진행 중인	current, continuing, continued, constant

an ongoing debate 계속 진행 중인 토론

41
parallel
[pǽrəlèl]

명 유사점, 유사성	similarity, resemblance
형 평행한, 나란한	
동 유사하다	match

parallel lines 평행선
draw a parallel between two historical figures
두 역사적 인물의 유사점을 찾다

42
royalty
[rɔ́iəlti]

명 왕족
명 저작권 사용료, 인세

British royalty 영국 왕족
pay royalties to the original author 원작자에게 인세를 지불하다

43
average
[ǽvəridʒ]

형 평균의, 보통의	common, usual, regular
명 평균	mean, standard, norm

the average person 보통 사람
on average 평균적으로

44
following
[fálouiŋ]

형 다음에 나오는, 이하의	
형 다음의, 그 다음의	next, coming, subsequent, *succeeding*

Answer the following question. 다음 질문에 답하세요.
the following year 그 다음 해

☑ 지텔프 동의어 이렇게 출제된다

In the **following** chapter, the book will explore the theme of loss.
(a) specific   (b) succeeding

다음 장에서 그 책은 상실이라는 주제를 탐구할 것이다.

→ 문장 속의 following은 '다음의'란 의미이므로 (b) succeeding (다음의, 잇따른)이 정답이다.

45
relocate
[rilo*u*kéit]
relocation 몡 이전, 이동

| 동 옮기다, 이전하다 | move |

The factory **relocated** to Vietnam.
그 공장은 베트남으로 이전했다.

46
outstanding
[àutstǽndiŋ]

| 형 뛰어난 | excellent, great, superb, impressive, exceptional |
| 형 미지불된 | *unpaid*, remaining, payable |

outstanding performance at the Olympics
올림픽에서의 뛰어난 성과
an **outstanding** balance of $15,000 15,000달러의 미불 잔액

47
isolate
[áisəleit]
isolation 몡 고립, 격리

| 동 고립시키다, 격리하다 | separate, disconnect |

isolate a patient 환자를 격리하다

48
random
[rǽndəm]
randomly 튀 무작위로

| 형 무작위의, 닥치는 대로의 |

select a **random** sample 무작위로 표본을 추출하다

49
cultivate
[kʌ́ltəvèit]
cultivation 몡 재배, 경작; 함양

| 동 재배하다, 기르다 | grow |
| 동 함양하다, 기르다 | develop, foster |

cultivate potatoes 감자를 재배하다
cultivate a positive habit of being a good listener
남의 말을 잘 듣는 좋은 습관을 기르다

50
prestigious
[prestídʒəs]

| 형 권위 있는, 일류의 | respected, renowned, esteemed |

win a **prestigious** award 권위 있는 상을 받다
prestigious universities 명문대학교

■ 해당 단어의 동의어를 찾아 연결하세요.

1 notable •   • ⓐ control

2 particulars •   • ⓑ agreement

3 apprentice •   • ⓒ details

4 contract •   • ⓓ trainee

5 regulate •   • ⓔ remarkable

■ 밑줄 친 단어의 의미와 가장 유사한 단어를 고르세요.

6 <u>discharge</u> its waste into the river
   (a) regulate   (b) release   (c) convert   (d) relocate

7 be <u>contracted</u> to write a book about her life
   (a) isolated   (b) shortened   (c) hired   (d) deposited

8 a <u>marginal</u> increase in the number of new customers
   (a) traditional   (b) fragile   (c) slight   (d) structural

9 have an <u>outstanding</u> balance of $100 on his credit card
   (a) unpaid   (b) excellent   (c) ongoing   (d) exceptional

10 <u>expand</u> his knowledge by reading more books
   (a) spread   (b) attend   (c) deliver   (d) develop

Key Paraphrases

LEVEL UP+

패러프레이징 빈출 표현

패러프레이징은 비슷한 의미를 다른 표현으로 나타내는 방식입니다. 본문과 정답 보기에 알맞게 패러프레이징된 표현을 매칭하는 것은 지텔프 독해의 핵심 전략이므로, 패러프레이징 빈출 표현을 익혀 독해 만점에 도전해 봅시다. 48+점, 65+점 목표라면 꼭 암기하세요!

본문	Paraphrasing	정답	☑ 암기 끝!
provide constructive criticism (건설적인 비평을 하다)	>>>	suggest ways to improve (개선 방안을 제시하다)	☐
populations of pests (해충의 개체 수)	>>>	the number of harmful insects (해로운 곤충의 수)	☐
the 400-meter dash (400미터 달리기)	>>>	a particular race (특정 경주)	☐
a customer's account details (고객의 계정 세부 정보)	>>>	personal information (개인 정보)	☐
proper arrangement of the products (제품의 적절한 배열)	>>>	sort the items effectively (품목들을 효과적으로 정리하다)	☐
bigger than anything else (다른 무엇보다도 큰)	>>>	easily visible (눈에 잘 띄는)	☐
have adverse effects on (~에 대한 부정적인 영향을 미치다)	>>>	cause harm to (~에 해를 끼치다)	☐
nonconformist (비순응주의자)	>>>	hold dissenting views (반대 의견을 가지다)	☐
an employee of one of the best companies (일류 회사의 직원)	>>>	successful in the field (분야에서 성공적인)	☐
product advertisements (상품 광고)	>>>	commercial advertising (상업적인 광고)	☐
exposure to abuse during childhood (어린 시절의 학대에 대한 노출)	>>>	a troubled upbringing (문제 있는 가정 환경)	☐
win an award for fiction (소설로 상을 받다)	>>>	prize-winning novel (상 받은 소설)	☐

01 endeavor
[endévər]

명 시도, 노력	*effort*, attempt
동 노력하다	try, strive, attempt

endeavor to reduce waste 쓰레기를 줄이기 위해 노력하다

☑ 지텔프 동의어 이렇게 출제된다

Harry was making an **endeavor** to develop his career.
(a) experiment   (b) effort
해리는 자신의 경력을 발전시키기 위해 노력하고 있었다.
→ 문장 속의 endeavor는 '노력'이란 의미이므로 (b) effort(노력)가
   정답이다.

---

02 revise
[riváiz]

revision 명 수정, 변경

동 수정하다, 변경하다	change, modify, alter

revise a plan
계획을 수정하다

03 rigid
[rídʒid]

형 엄격한, 융통성 없는	strict, stringent, rigorous, inflexible
형 단단한, 굳은	stiff, hard, inflexible

rigid work ethic 엄격한 직업 윤리
rigid structure of a building 건물의 단단한 구조

04 swallow
[swálou]

동 삼키다	eat

The snake **swallowed** its prey.
뱀이 먹이를 삼켰다.

05

reluctance

[rilʌ́ktəns]

reluctant 휑 꺼리는, 내키지 않아 하는

(명) 꺼림, 마음 내키지 않음 | unwillingness, hesitancy

Alyssa showed reluctance to talk about her childhood.
앨리사는 자신의 어린 시절에 대해 이야기하기를 꺼려했다.

06

prohibit

[prouhíbit]

(동) 금지하다, 못하게 하다 | forbid, ban, *disallow*

prohibit the sale of alcohol
주류 판매를 금지하다
prohibit people from littering in public places
공공장소에서 쓰레기 버리는 것을 금지하다

07

prosperous

[práspərəs]

prosperity 명 번영, 번창
prosper 동 번영하다, 번창하다

(형) 번영하는, 번창하는, 부유한 | *successful*, thriving, flourishing, wealthy, rich

a prosperous career
화려한 경력
a prosperous business
번창하는 사업체

08

solely

[sóulli]

(부) 오직, 유일하게 | only, *exclusively*, entirely

focus solely on training
오로지 훈련에만 집중하다

09

resemble

[rizémbl]

resemblance 명 닮음, 유사함

(동) 닮다 | look like

The planet resembles the shape of a ball.
그 행성은 공의 모양을 닮았다.

10 fade
[feid]

동 희미해지다, 퇴색하다	**wane**, decline, dwindle, wither

Alan's career began to **fade** after he was caught drunk on stage.
앨런이 술 취한 채 무대에 오른 것이 발각된 후 그의 경력은 퇴색하기 시작했다.

> **☑ 지텔프 동의어 이렇게 출제된다**
>
> The popularity of the band was starting to **fade** due to their lack of originality.
> (a) wane　　　　(b) leave
> 독창성의 부족으로 인해 그 밴드의 인기는 시들기 시작하고 있었다.
> → 문장 속의 fade는 '퇴색하다, 시들다'란 의미이므로 (a) wane(줄어들다, 시들해지다)이 정답이다.

11 preliminary
[prilímənèri]

형 예비의, 사전의	preparatory

preliminary requirements to join the program
그 프로그램에 참여하기 위한 예비 요건

12 mate
[meit]

동 짝짓기 하다, 교미하다	breed, match
명 친구, 동료	friend, partner, companion

Male ants **mate** with the queen and die afterwards.
수컷 개미들은 여왕과 짝짓기를 하고 그 후에 죽는다.
during **mating** season
교미 기간 동안

13 terminate
[tə́:rmənèit]
termination 명 종료, 종결

동 끝내다, 종결하다	end, finish, stop, discontinue

terminate the contract 계약을 끝내다

14 suitable
[sjú:təbl]
suitability 명 적합함, 알맞음

형 적절한, 알맞은	right, appropriate, fit

a **suitable** topic for discussion
토론하기에 적절한 주제

15
lecture
[léktʃər]

⊗ 강의, 강연 | lesson, speech, talk

a series of **lectures** on birth defects
선천성 결함에 대한 일련의 강의

16
utilize
[júːtəlàiz]
utilization ⊗ 활용, 이용

⊗ 활용하다, 이용하다 | use, employ

utilize new technology to increase efficiency
효율성을 높이기 위해 새로운 기술을 활용하다

17
missing
[mísiŋ]

⊗ 없어진, 실종된	lost
⊗ 빠진, 누락된	absent, *lacking*

missing soldiers 실종된 군인들
a **missing** order 누락된 주문

18
minor
[máinər]
minority ⊗ 소수

⊗ 사소한, 크거나 중요하지 않은 | unimportant, trivial, insignificant, negligible

I received a product with **minor** damage.
나는 사소한 손상이 있는 상품을 받았다.

☑ **지텔프 동의어 이렇게 출제된다**

The tax cut will have a **minor** effect on the economy.
(a) critical   (b) negligible
세금 감면은 경제에 아주 작은 영향을 미칠 것이다.
→ 문장 속의 minor는 '사소한, 작은'이란 의미이므로
   (b) negligible(사소한, 무시해도 될 정도의)이 정답이다.

19
financial
[fainǽnʃəl]
finance ⊗ 재정, 금융
⊗ 자금을 대다
financially ⊗ 재정적으로

⊗ 재정의, 금융의

provide **financial** support 재정적인 지원을 제공하다
experience **financial** problems 재정적인 문제를 겪다

20

suspend
[səspénd]

suspension 몡 중단, 정지; 정학

동 중단하다, 정지시키다	withhold
동 정학 처분을 내리다	

The bus service to the city has been suspended due to heavy snow.
폭설로 시내로 가는 버스 운행이 중단되었다.
be suspended from school for fighting
싸움으로 정학을 당하다

21

diagnose
[dáiəgnòus]

diagnosis 몡 진단

동 진단하다, 원인을 밝히다	*identify*, determine

Nicole was diagnosed with stomach cancer.
니콜은 위암 진단을 받았다.
diagnose a fault in the engine 엔진에서 문제를 진단하다

22

invalidate
[invǽlidèit]

동 무효화하다	*disprove*, nullify, annul

The recent study invalidated Dr. Wong's findings.
최근의 연구는 웡 박사의 연구 결과를 무효화했다.

☑ 지텔프 동의어 이렇게 출제된다

The scientific theory was **invalidated** by the experimental evidence.

(a) disproved   (b) opposed

그 과학 이론은 실험적인 증거에 의해 무효화되었다.

→ 문장 속의 invalidate는 '무효화하다'란 의미이므로
   (a) disproved(오류가 입증된)가 정답이다.

23

childhood
[tʃáildhùd]

몡 어린 시절, 유년 시절	youth

Paige spent her childhood working on the family farm.
페이지는 가족 농장에서 일을 하며 어린 시절을 보냈다.
a challenging childhood
힘든 유년 시절

24
fertile
[fə́:rtl]
fertilize ⑧ 비옥하게 하다;
(생물 등) 수정시키다
fertility ⑲ 비옥함, 생식력

| ⑱ 비옥한 | productive |
| ⑱ 생식 능력이 있는 | |

fertile soil
비옥한 땅
The animal was very fertile and had many offspring.
그 동물은 매우 생식력이 좋아서 많은 새끼를 낳았다.

25
transmit
[trænsmít]
transmission ⑲ 전송, 방송; 전염

| ⑧ 전송하다, 방송하다 | send, relay, *broadcast* |
| ⑧ 전염시키다 | spread, transfer |

The nerves transmit information to the brain.
신경은 정보를 뇌로 전달한다.
The disease is transmitted by mosquitoes.
그 병은 모기에 의해 전염된다.

☑ 지텔프 동의어 이렇게 출제된다

We will **transmit** the payment using our secure system.
(a) send
(b) televise
우리는 우리의 보안 시스템을 사용하여 지불금을 전송할 것이다.
→ 문장 속의 transmit은 '보내다, 전송하다'란 의미이므로 (a) send (보내다, 발송하다)가 정답이다.

26
supplement
[sʌ́pləmənt]
supplementary ⑱ 보충의, 추가의

| ⑧ 보충하다, 보완하다 | reinforce, augment |
| ⑲ 보충제 | |

take a supplement rich in vitamins every day
매일 비타민이 풍부한 보충제를 섭취하다

27
trigger
[trígər]

동 유발하다, 일으키다	cause, generate, provoke, prompt, bring about
명 (사건을 일으키는) 요인	

The sound of the gunshot triggered memories of the war.
총소리는 전쟁의 기억을 불러일으켰다.
The trigger of the fire was a faulty electrical wire.
화재의 발단은 전선 결함이었다.

28
substitute
[sʌ́bstitjùːt]
substitution 명 대체

동 A로 B를 대체하다 (substitute A for B)	replace, exchange, swap
동 A를 B로 대체하다 (substitute A with B)	

You can substitute quinoa for rice.
쌀 대신에 퀴노아를 써도 됩니다.
I was substituted for John in the play.
나는 그 연극에서 존을 대신했다.
substitute coffee with healthier alternatives
커피를 좀 더 건강한 대안들로 대체하다

29
researcher
[risə́ːrtʃər]
research 명 연구, 조사
동 연구하다

명 연구자

The study was conducted by researchers from the University of California.
그 연구는 캘리포니아 대학 출신의 연구자들에 의해 시행되었다.

30
typically
[típikəli]
typical 형 일반적인; 전형적인

부 일반적으로, 보통	usually, generally
부 전형적으로	

Steven typically leaves work at 6 p.m.
스티븐은 보통 오후 6시에 퇴근한다.

31
habitual
[həbítʃuəl]

habit 圐 습관, 버릇

| 圀 습관적인, 늘 하는 | usual, **persistent**, frequent |

a habitual liar 상습적인 거짓말쟁이
Leah was wearing her habitual hat.
리아는 늘 하는 모자를 쓰고 있었다.

☑ 지텔프 동의어 이렇게 출제된다

John's **habitual** tardiness caused him to miss some important deadlines.
(a) persistent   (b) flexible
존은 습관적인 지각으로 몇 가지 중요한 마감일을 놓쳤다.
→ 문장 속의 habitual은 '습관적인'이란 의미이므로 (a) persistent (상습적인, 지속되는)가 정답이다.

32
defense
[diféns]

defend 圐 방어하다

| 圀 방어 | guard, protection, cover |

Some fish use their spines for self-defense.
어떤 물고기들은 자기 방어를 위해 가시를 사용한다.
a soccer player with great defense
훌륭한 수비력을 갖춘 축구 선수

33
variable
[vέ(ː)əriəbl]

| 圀 변하기 쉬운, 변덕스러운 | changeable |

The weather of this area is most variable in the winter.
이 지역의 날씨는 겨울에 가장 변덕스럽다.

34
promptly
[prámptli]

prompt 圀 즉각적인, 신속한; 시간을 엄수하는

| 圀 즉시, 신속하게 | instantly, immediately, swiftly |
| 圀 정시에, 제때에 | punctually, on time |

help the customer promptly 고객을 즉시 돕다
address the issues promptly 문제를 신속하게 해결하다
We should leave promptly at 9 A.M.
우리는 아침 9시 정각에 떠나야 합니다.

35
venue
[vénjuː]

| 명 장소 | place, location |

a wedding venue 결혼식 장소

36
lifespan
[laifspæn]

| 명 수명 |

A dog has an average lifespan of 10-13 years.
개의 평균 수명은 10~13년이다.

37
violate
[váiəlèit]
violation 명 위반, 침해

| 동 위반하다, 침해하다 | disobey, break, defy |

violate safety standards 안전 기준을 위반하다
violate human rights 인권을 침해하다

38
grasp
[græsp]

동 이해하다	*understand*, get, comprehend
동 꽉 잡다	grip, hold
명 파악, 이해	understanding, knowledge
명 꽉 잡기	

grasp the main idea of the book 책의 핵심 내용을 파악하다
grasp every opportunity 모든 기회를 붙잡다
The product manager has a good grasp of what the market wants.
상품 매니저는 시장이 무엇을 원하는지 잘 이해하고 있다.

☑ 지텔프 동의어 이렇게 출제된다

The instructions were so difficult to grasp.
(a) grip   (b) understand
그 설명서는 이해하기 너무 어려웠다.

→ 문장 속의 grasp는 '이해하다'란 의미이므로 (b) understand(이해하다)가 정답이다.

39

transit
[trǽnsit]

transition ⑱ 전환, 변화
⑧ 전환하다

| ⑲ 운송, 운반 | transfer, movement, transport, travel |

The item was damaged in transit.
그 품목은 운송 중에 손상되었다.

40

addicted
[ədíktid]

addict ⑲ 중독자

| ⑱ 중독된 | hooked, obsessed |

be addicted to video games 비디오 게임에 중독되다

41

prompt
[prɑmpt]

| ⑧ 유발하다, 촉구하다 | *motivate*, cause, inspire, induce |
| ⑱ 신속한 | immediate, quick, rapid, instant |

The movie prompted me to abandon my aspiration of becoming a teacher.
그 영화를 보고 나는 교사가 되겠다는 열망을 버리게 되었다.
a prompt reply 신속한 응답

☑ 지텔프 동의어 이렇게 출제된다

The death of her best friend **prompted** her to become a doctor.
(a) motivated   (b) reminded
가장 친한 친구의 죽음은 그녀로 하여금 의사가 되도록 동기를 부여했다.
→ 문장 속의 prompt는 '유발하다, 동기를 부여하다'란 의미이므로
   (a) motivated(동기를 부여했다)가 정답이다.

42

strict
[strikt]

| ⑱ 엄격한 | rigid, rigorous, *staunch* |

a strict dress code 엄격한 복장 규정
a strict upbringing 엄격한 양육

43
alert
[ələ́:rt]

| 형 정신을 바짝 차린 | attentive, vigilant, awake |

Stay **alert** while driving.
운전 중에는 정신을 바짝 차려라.

44
constellation
[kὰnstəléiʃən]

| 명 별자리 | |

stars in the **constellation** of Orion 오리온 별자리의 별들

45
breed
[bri:d]

| 명 <동물이나 식물의> 품종 | kind, family, variety |
| 동 사육하다, 번식하다 | reproduce |

study physical characteristics of dog **breeds**
개 품종의 신체적 특징을 연구하다
Many birds **breed** in the spring.
많은 새들이 봄에 번식한다.

46
insect
[ínsekt]

| 명 곤충 | |

harmful **insects** 해충
I apply natural oils to repel **insects**.
나는 곤충을 쫓아 버리기 위해 천연 오일을 바른다.

47
withdraw
[wiðdrɔ́:]
withdrawal 명 인출; 철수; 중단

동 중단하다	
동 철수하다	retreat, *depart*, leave
동 인출하다	

The company **withdrew** its financial support from the athlete.
회사는 그 운동선수에 대한 재정적 지원을 중단했다.
The troops have **withdrawn** from the base.
군대가 기지에서 철수했다.
withdraw money 돈을 인출하다

48
flourish
[flə́ːriʃ]

동 번창하다, 번성하다 　　*prosper*, thrive, succeed

The business flourished due to its new, innovative product.
혁신적인 신제품으로 사업이 번창했다.
The plant flourishes in high humidity.
그 식물은 높은 습도에서 무성하게 자란다.

49
civilization
[sìvəlizéiʃən]

civil 형 민간의, 시민의

명 문명

the ancient civilizations of Asia
아시아 고대 문명

50
prey
[prei]

명 <동물의> 먹이

Sharks eat various prey.
상어는 다양한 먹이를 먹는다.

■ 해당 단어의 동의어를 찾아 연결하세요.

1 promptly •   • ⓐ exclusively

2 solely •   • ⓑ usually

3 prosperous •   • ⓒ immediately

4 typically •   • ⓓ successful

5 rigid •   • ⓔ strict

■ 밑줄 친 단어의 의미와 가장 유사한 단어를 고르세요.

6 **utilize** our resources wisely

(a) withdraw   (b) fade   (c) conserve   (d) use

7 rely **solely** on his luck

(a) only   (b) alone   (c) quite   (d) promptly

8 **trigger** a response of relaxation

(a) transmit   (b) lead   (c) cause   (d) violate

9 **revise** its policy on patient visitation hours

(a) suspend   (b) change   (c) memorize   (d) prohibit

10 **substitute** milk with almond milk in the recipe

(a) replace   (b) supplement   (c) succeed   (d) grasp

Key Paraphrases

LEVEL UP⁺

◻◻✕

패러프레이징 빈출 표현

패러프레이징은 비슷한 의미를 다른 표현으로 나타내는 방식입니다. 본문과 정답 보기에 알맞게 패러프레이징된 표현을 매칭하는 것은 지텔프 독해의 핵심 전략이므로, 패러프레이징 빈출 표현을 익혀 독해 만점에 도전해 봅시다. 48＋점, 65＋점 목표라면 꼭 암기하세요!

본문	Paraphrasing	정답	☑ 암기 끝!
a movie star (유명 영화배우)	》》	a successful film career (성공적인 영화 관련 경력)	☐
launch the first chain of the restaurants (식당의 첫 번째 체인점을 개설하다)	》》	begin operating a business (사업을 시작하다)	☐
win the event at the age of 13 (13세에 우승하다)	》》	display great talent (뛰어난 재능을 보이다)	☐
simplicity (단순함, 간단함)	》》	lack of complexity (복잡성의 결여)	☐
work during the day and do workouts at night (낮에 일하고 저녁에 운동하다)	》》	practice after work (퇴근 후에 연습하다)	☐
invite her to the party (그녀를 파티에 초대하다)	》》	ask her to come to an event (그녀에게 행사에 참석해 달라고 부탁하다)	☐
red, green, and blue (빨간색, 초록색, 그리고 파란색)	》》	a wide range of colors (다양한 색깔)	☐
head the finance team (재무팀장을 맡다)	》》	be in charge of finances (재정을 담당하다)	☐
The book grew in popularity. (책이 인기가 상승했다.)	》》	appealed to the readers (독자들에게 어필했다)	☐
the corrected draft (교정된 원고)	》》	the edited work (편집된 작업물)	☐
deliver lectures on (~에 대한 강의를 하다)	》》	share information about (~에 대한 정보를 공유하다)	☐
other young artists (다른 젊은 예술가들)	》》	peers (동료들)	☐

01 forbid
[fərbíd]

통 금지하다   ban, prohibit, outlaw, proscribe

forbid smoking in public places
공공장소에서의 흡연을 금지하다

02 interact
[ìntərǽkt]
interaction 명 교류; 상호작용

통 소통하다, 교류하다

통 상호작용하다   *interplay*

interact with others through social media
SNS를 통해 다른 사람들과 교류하다
find out how the medicine **interacts** with other drugs
그 약이 다른 약과 어떻게 상호작용하는지 알아내다

03 dedication
[dèdikéiʃən]
dedicate 통 전념하다, 헌신하다

명 전념, 헌신   *devotion*, *commitment*, loyalty

Ricky showed **dedication** to his project.
리키는 그의 프로젝트에 헌신적인 모습을 보였다.

☑ 지텔프 동의어 이렇게 출제된다

From a young age, Kelly showed <u>dedication</u> to becoming a doctor.
(a) surrender   (b) commitment
어린 나이부터 켈리는 의사가 되기 위해 헌신적인 모습을 보였다.
→ 문장 속의 dedication은 '전념, 헌신'이란 의미이므로
    (b) commitment(헌신)가 정답이다.

04 quantity
[kwántəti]

명 양, 수량   amount, *number*, volume

a large **quantity** of waste 대량의 폐기물

05
architecture
[á:rkitèktʃər]
architect 몡 건축가

몡 건축, 건축 양식

medieval **architecture** 중세 건축 양식

06
designated
[dézignèitid]
designate 동 지정하다

혱 지정된	reserved

designated parking areas 지정된 주차 구역

07
duplicate
동 [dʒú:pləkèit]
몡 [dʒú:plikət]

동 (중복해서) 다시 하다	*repeat*
동 복제하다, 사본을 만들다	copy
몡 복제품, 사본	copy, reproduction

It is important to avoid **duplicating** work when possible.
가능한 한 중복 작업을 피하는 것이 중요하다.

08
capture
[kǽptʃər]

동 <사람·동물> 포획하다	take, catch, *grab*
동 점령하다	invade, seize, occupy
동 <흥미·관심> 사로잡다	engage

capture the enemy's base 적의 기지를 점령하다
capture the interest of the audience 관객의 흥미를 끌다

09
collaborate
[kəlǽbərèit]
collaboration 몡 협력, 합작(품)

동 협력하다	cooperate, join forces

collaborate with other departments
다른 부서와 협력하다

10
chase
[tʃeis]

| (통) 추격하다, 뒤쫓다 | follow, pursue |

The police were chasing the thief.
경찰은 도둑을 쫓고 있었다.

11
embarrassed
[imbǽrəst]

| (형) 당황스러운 | ashamed, abashed, uncomfortable |

Ella was embarrassed to find that she had forgotten her wallet.
엘라는 지갑을 잊어버린 것을 알고 당황했다.

12
deficiency
[difíʃənsi]

deficient (형) 결핍된, 부족한

| (명) 결핍, 부족 | *shortage*, lack, deficit |

vitamin D deficiency
비타민 D 결핍증

☑ 지텔프 동의어 이렇게 출제된다

A **deficiency** of magnesium can lead to muscle cramps.
(a) shortage　　　　(b) failure
마그네슘의 결핍은 근육 경련을 일으킬 수 있다.
→ 문장 속의 deficiency는 '결핍, 부족'이란 의미이므로
　(a) shortage(부족)가 정답이다.

13
cognitive
[kɑ́gnitiv]

| (형) 인지적인, 인식의 |

theory of cognitive development
인지 발달 이론

14
theme
[θi:m]

| (명) 주제, 테마 | topic, subject |

The theme of the painting is hope.
이 그림의 주제는 희망이다.

15
deter
[ditə́:r]
deterrent 명 억제책

| 동 단념시키다, 그만두게 하다 | discourage, inhibit, stop, prevent, prohibit |

The high cost of living can deter people from moving to a new city.
높은 생활비는 사람들이 새로운 도시로 이사하는 것을 단념시킬 수 있다.

16
acting
[ǽktiŋ]

| 명 연기 | performance |
| 형 대행하는, 대리의 | temporary, interim |

an acting career 연기 경력
an acting manager 부장 대리인

17
session
[séʃən]

| 명 기간, 시간 | period, time |

a training session 연수 기간
a therapy session 치료 시간

18
symptom
[símptəm]

| 명 증상 | |
| 명 징후 | indication, sign |

have mild cold symptoms
가벼운 감기 증상이 있다

19
integrate
[íntəgrèit]
integration 명 통합

| 동 통합되다, 통합하다 | combine, join, unite |

The marketing department will be integrated with the public relations department.
마케팅 부서는 홍보 부서와 통합될 것이다.

DAY 16 · 225

20

conserve
[kánsəːrv]

conservation 명 보존, 보호

동 보존하다, 보호하다   protect, preserve, save

conserve the environment by recycling
재활용하여 환경을 보호하다

☑ 지텔프 동의어 이렇게 출제된다

We have a responsibility to **conserve** our woodlands
to ensure a healthy environment.
(a) store   (b) preserve
우리는 건강한 환경을 보장하기 위해 삼림지대를 보존할 책임이 있다.
→ 문장 속의 conserve는 '보존하다'란 의미이므로 (b) preserve
    (보존하다, 유지하다)가 정답이다.

21

attire
[ətáiər]

명 의복, 복장   clothes, clothing, gear, garment, apparel

formal attire 정장

22

manuscript
[mǽnjəskrìpt]

명 원고

proofread a manuscript
원고를 교정하다

23

disappear
[dìsəpíər]

동 사라지다   vanish

Maria suddenly disappeared from the party.
마리아는 갑자기 파티에서 사라졌다.

24

navigation
[næ̀vəgéiʃən]

navigate 동 길을 찾다; 운항하다, 항해하다

명 운항, 항해

The navigation system is an important tool for pilots.
내비게이션 시스템은 조종사들에게 중요한 도구이다.

25
expire
[ikspáiər]
expiration 명 만료

⑧ 만료되다 | end

The contract expires in six months.
그 계약은 6개월 후에 만료된다.

26
authentic
[ɔ:θéntik]

⑱ 진짜의, 정통의 | original, genuine, real

authentic Chinese cuisine 정통 중국 요리
This work of art is authentic.
이 예술 작품은 진품이다.

27
diplomatic
[dìpləmǽtik]
diplomat 명 외교관

⑱ 외교의

a diplomatic dispute 외교 분쟁

28
defy
[difái]

⑧ 반항하다, 무시하다 | disobey, challenge, resist, oppose, confront, disregard

⑧ ~이 불가능하다

defy the government's rules and regulations
정부의 규칙과 규제를 무시하다
defy explanation 설명이 불가능하다

☑ 지텔프 동의어 이렇게 출제된다

Daniel defied the king's orders and was promptly executed.

(a) defeated　　　(b) disobeyed

다니엘은 왕의 명령을 무시하고 즉시 처형되었다.

→ 문장 속의 defy는 '반항하다, 무시하다'란 의미이므로
　(b) disobeyed(거역했다)가 정답이다.

29
await
[əwéit]

⑧ 기다리다

await the results of the test 시험 결과를 기다리다

30
celebrate
[sélǝbrèit]
celebration 몡 축하 (행사)

동 축하하다	commemorate, observe

celebrate an anniversary 기념일을 축하하다

31
entrance
[éntrǝns]
enter 동 들어가다; 입학하다

몡 입구	entry, access, gate
몡 입학	admission

the entrance to the library 도서관 입구
a university entrance exam 대학 입학 시험

32
reinforce
[rìːinfɔ́ːrs]

동 강화하다, 보강하다	*support*, strengthen, fortify

reinforce the argument with data from a recent study
최근 연구자료를 활용하여 논점을 강화하다

33
destination
[dèstǝnéiʃǝn]

몡 목적지	

reach our destination 우리의 목적지에 도착하다
a tourist destination 관광지

34
intrigue
[intríːg]
intriguing 혱 흥미로운

동 흥미를 일으키다	interest, charm, fascinate

Charles was intrigued by the mystery of the Pyramids.
찰스는 피라미드의 신비에 흥미를 느꼈다.

35
fiction
[fíkʃǝn]

몡 소설	novel, tale

science fiction 공상 과학 소설

36
costume
[kástʃuːm]

명 의상, 분장 · outfit, dress

a costume party 코스튬 파티

37
distance
[dístəns]
distant 형 (거리가) 먼; (친척 관계가) 먼

명 거리

travel long distances 장거리를 여행하다

38
deviate
[díːvièit]

동 벗어나다 · *differ*, depart, stray

The participants deviated from the expected behavior.
참가자들은 예상된 행동에서 벗어났다.

☑ 지텔프 동의어 이렇게 출제된다

Michelle decided to **deviate** from the norm.
(a) differ　　　　(b) alter
미셸은 일반적인 규범에서 벗어나기로 결정했다.
→ 문장 속의 deviate은 '벗어나다'란 의미이므로 (a) differ
(다르다, ~와 달리하다)가 정답이다.

39
legend
[lédʒənd]
legendary 형 전설적인; 전설에 나오는

명 전설(적인 인물)

The Beatles' music became legend.
비틀즈의 음악은 전설이 되었다.

40
compose
[kəmpóuz]
composer 명 작곡가

동 구성하다 · comprise, make

동 작곡하다 · create, produce

동 쓰다, 작성하다

The United States is composed of fifty states.
미국은 50개의 주로 구성되어 있다.
compose a letter
편지를 쓰다

41

marine
[mərí:n]

| 형 해양의 | maritime |

marine mammals 해양 포유동물

42

complex
[kámpleks]

| 형 복잡한 | complicated, *elaborate*, *intricate* |
| 명 (건물) 단지 | |

a **complex** structure 복잡한 구조
an apartment **complex** 아파트 단지

43

prose
[prouz]

| 명 산문, 산문체 |

a literary work written in **prose** 산문으로 쓰여진 문학 작품

44

distract
[distrǽkt]

distraction 명 산만하게 하는 것, 집중을 방해하는 것

| 동 산만하게 하다, 집중을 방해하다 | divert, *sidetrack* |

The noise from the construction work **distracted** attention from the meeting.
공사 소음이 회의 참석자들의 주의를 산만하게 했다.

45

disorder
[disɔ́:rdər]

| 명 이상, 장애 | disease, illness |
| 명 무질서, 혼란 | chaos, disturbance, unrest, turmoil |

eating **disorders** 섭식 장애

46

shed
[ʃed]

| 동 ~을 밝히다, 조명하다 | |
| 동 <껍질 등> 벗기다 | *remove*, *lose* |

The data **sheds** light on the impact of the recession on families. 이 자료는 불경기가 가정에 미치는 영향을 조명한다.
The snake **shed** its skin. 뱀이 허물을 벗었다.

47
eagerly
[íːgərli]

| 🕮 열렬히, 간절히 | keenly, anxiously |

eagerly anticipate the release of the new iPhone
신형 아이폰 출시를 간절히 기다리다

48
fatal
[féitəl]

| 🕮 치명적인, 죽음을 초래하는 | lethal, disastrous |

a **fatal** accident 치명적인 사고

49
portray
[pɔːrtréi]

| 🕮 (글, 그림 등으로) 묘사하다, 표현하다 | depict, *display*, describe |

portray the character as a villain
그 인물을 악역으로 표현하다

☑ 지텔프 동의어 이렇게 출제된다

The novel **portrays** the struggles of a family during the war.
(a) depicts   (b) creates
그 소설은 전쟁 중 한 가족의 고군분투를 묘사하고 있다.
→ 문장 속의 portray는 '묘사하다'란 의미이므로 (a) depicts(묘사하다, 그리다)가 정답이다.

50
exempt
[igzémpt]

| 🕮 면제하다 | free, excuse |

Senior citizens are **exempted** from paying the entrance fee.
노인들은 입장료를 면제받는다.

■ 해당 단어의 동의어를 찾아 연결하세요.

1   authentic   •   • ⓐ interest

2   distract   •   • ⓑ genuine

3   integrate   •   • ⓒ sidetrack

4   intrigue   •   • ⓓ combine

5   conserve   •   • ⓔ preserve

■ 밑줄 친 단어의 의미와 가장 유사한 단어를 고르세요.

6   periodically **shed** its outer layer of skin

    (a) remove   (b) exempt   (c) reflect   (d) celebrate

7   **duplicate** your keys in case you lose one

    (a) strengthen   (b) repeat   (c) portray   (d) copy

8   **reinforce** the structure with steel beams

    (a) collaborate   (b) widen   (c) support   (d) chase

9   **forbid** their daughter from attending the party

    (a) deviate   (b) prohibit   (c) order   (d) expire

10   the **complex** system for managing customer data

    (a) intricate   (b) vital   (c) clear   (d) cognitive

Key Paraphrases

LEVEL UP⁺

패러프레이징 빈출 표현

패러프레이징은 비슷한 의미를 다른 표현으로 나타내는 방식입니다. 본문과 정답 보기에 알맞게 패러프레이징된 표현을 매칭하는 것은 지텔프 독해의 핵심 전략이므로, 패러프레이징 빈출 표현을 익혀 독해 만점에 도전해 봅시다. 48＋점, 65＋점 목표라면 꼭 암기하세요!

본문	Paraphrasing	정답	☑ 암기 끝!
complimentary cocktails (무료 칵테일)	≫	free mixed drinks (무료 혼합 음료)	☐
serve the poor (가난한 사람들을 위해 봉사하다)	≫	perform charity work (자선 활동을 하다)	☐
sample the products (제품을 시식하다)	≫	evaluate the quality of the goods (제품의 품질을 평가하다)	☐
for the entire year (1년 내내)	≫	all year round (연중 내내)	☐
find out who the culprit is (범인을 알아내다)	≫	solve a mystery (수수께끼를 풀다)	☐
our standard diet (우리의 일반적인 식사)	≫	food we normally eat (우리가 주로 먹는 음식)	☐
be called into questions by critics (비평가들에 의해 의문이 제기되다)	≫	receive criticism (비판을 받다)	☐
finish the project before the deadline (마감일 전에 프로젝트를 마무리하다)	≫	complete the work in time (일을 제때에 끝내다)	☐
endure wear and tear (마모를 견디다)	≫	durability (내구성)	☐
unusually big (이례적으로 큰)	≫	larger-than-average (평균보다 큰)	☐
earlier studies (선행 연구)	≫	previous research (이전 연구)	☐
a dramatic decline in population (개체 수의 급격한 감소)	≫	vulnerable to extinction (멸종 위기에 처한)	☐

01 proximity
[prɑksíməti]

명 <거리·시간 등> 가까움, 근접(성) | *nearness*, vicinity, closeness

The hotel is in proximity to the airport.
그 호텔은 공항에서 가깝다.

> ☑️ 지텔프 동의어 이렇게 출제된다
>
> The **proximity** of the two countries makes trade between them easier.
> (a) nearness   (b) combination
> 두 나라의 근접성은 그들 사이의 무역을 더 쉽게 만든다.
> → 문장 속의 proximity는 '근접성'이란 의미이므로 (a) nearness (가까움)가 정답이다.

02 debris
[dəbríː]

명 잔해 | remains, fragments

the debris of a plane crash 추락한 비행기의 잔해

03 insurance
[inʃú(ː)ərəns]

명 보험

The company provides health insurance to its employees.
회사는 직원들에게 건강 보험을 제공한다.

04 expel
[ikspél]

동 추방하다 | banish, *remove*, exile,

expel illegal immigrants 불법 이민자를 추방하다

05
erupt
[irʌ́pt]

동 <화산이> 폭발하다, 분출하다	explode
동 <사태 등이> 발생하다, 터지다	

A volcano erupted in Iceland near the capital Reykjavik.
아이슬란드 수도 레이캬비크 근처에서 화산이 폭발했다.
Cries for help erupted from the crowd.
군중으로부터 도움을 외치는 소리가 터져 나왔다.

06
formal
[fɔ́:rməl]
formally ⑤ 공식적으로; 정중하게

형 공식적인, 정식의	official
형 격식을 차린	

Ashley didn't attain formal education.
애슐리는 정식 교육을 받지 못했다.
You should wear formal attire for the event.
당신은 그 행사를 위해 정장을 입어야 합니다.

07
withstand
[wiðstǽnd]

동 견디다	*endure*, resist

withstand wear and tear 마모를 견디다
The fabric can withstand high temperatures.
그 천은 고온을 견딜 수 있다.

08
dissolve
[dizálv]

동 용해되다, 녹다	melt
동 ~을 끝내다, 해체하다	end, dismantle

The tablet dissolves in water.
그 알약은 물에 녹는다.
The Soviet Union was dissolved into 15 countries.
소련은 15개국으로 해체되었다.

09
consume
[kənsjúːm]
consumer 명 소비자

| 동 먹다, 섭취하다 | eat, swallow |
| 동 소비하다, 쓰다 | use, spend |

This food should be consumed within two hours.
이 음식은 2시간 이내에 먹어야 한다.
This hair dryer consumes much electricity.
이 헤어드라이어는 많은 전기를 소비한다.

10
fearful
[fíərfəl]

| 형 두려워하는 | scared, afraid, frightened |

The squirrels are usually fearful of humans.
다람쥐는 보통 사람을 무서워한다.

11
fortress
[fɔ́ːrtris]

| 명 요새 | |

This medieval fortress was built with stones.
이 중세시대 요새는 돌로 지어졌다.

12
frustrate
[frʌ́streit]
frustration 명 짜증, 답답함; 좌절

| 동 짜증나게 하다, 답답하게 하다 | annoy |
| 동 <시도, 계획 등> 좌절시키다 | *stop*, discourage, inhibit, foil, thwart |

be frustrated with the restaurant's service
레스토랑의 서비스에 답답함을 느끼다
The bad weather frustrated our plans.
나쁜 날씨는 우리의 계획을 좌절시켰다.

☑ 지텔프 동의어 이렇게 출제된다

The leg injury **frustrated** his attempts to win the race.

(a) annoyed   (b) discouraged

다리 부상은 경주에서 이기려는 그의 도전을 좌절시켰다.

→ 문장 속의 frustrate는 '좌절시키다'란 의미이므로
   (b) discouraged(낙담시켰다, 단념시켰다)가 정답이다.

13

opening
[óupəniŋ]

| 명 빈 일자리, 공석 | *opportunity* |
| 명 개업, 개장 | beginning, launch, start |

announce job openings
빈 일자리를 광고하다 (채용 공고를 내다)
the opening of a new museum 새로운 박물관의 개장

14

historic
[histɔ́(ː)rik]

| 형 역사적으로 중요한, 역사적인 |

a historic speech 역사적인 연설
The theater was recognized as a historic site.
그 극장은 역사적인 장소로 인정받았다.

15

disapprove
[dìsəprúːv]

⊖ approve 图 찬성하다, 허락하다; 승인하다
disapproval 명 반대, 못마땅해함

| 동 반대하다, 못마땅해하다 | dislike, deplore |

My mom disapproved of my decision to major in art.
어머니는 미술을 전공하기로 한 나의 결정을 못마땅해했다.

16

trait
[treit]

| 명 특징, 특성 | *characteristic*, feature, attribute |

genetic traits of seeds 씨앗의 유전적 특징
a dog's behavioral traits 개의 행동 특성

> ☑ 지텔프 동의어 이렇게 출제된다
>
> Some common **traits** of successful people are hard work and determination.
> (a) characteristics　　　　(b) secrets
>
> 성공한 사람들의 몇 가지 공통적인 특징은 근면과 결단력이다.
> → 문장 속의 trait는 '특징'이란 의미이므로 (a) characteristics (특징, 특성)가 정답이다.

17
humble
[hʌ́mbl]

| 혱 겸손한 | modest |
| 혱 미천한, 보잘것없는 | *simple*, poor, insignificant |

a humble person 겸손한 사람
humble origins 미천한 출신

18
disregard
[dìsrigá:rd]

| 동 무시하다 | *ignore*, neglect |

Please disregard my previous e-mail.
제가 이전에 보냈던 이메일은 무시해 주세요.

19
derive
[diráiv]

| 동 ~에서 유래되다, 비롯되다 | |
| 동 얻다, 끌어내다 | *take*, *obtain*, get, receive, gather, collect |

The English word "*story*" derives from the Greek word "historia."
"story"라는 영단어는 그리스어 "historia"에서 유래했다.
Los Angeles derives a lot of revenue from the sales of cars.
로스앤젤레스는 자동차 판매로 많은 수익을 얻는다.

20
evaporate
[ivǽpərèit]

| 동 <액체 등> 증발하다, 증발시키다 | |

The sweat evaporates through the skin.
땀은 피부를 통해 증발한다.

21
ignore
[ignɔ́:r]

ignorant 혱 무지한, 무식한
ignorance 명 무지(함), 무식(함)

| 동 무시하다 | *disregard*, neglect |

ignore social norms 사회 규범을 무시하다
ignore harsh criticism 혹평을 무시하다

22
maturity
[mətʃú(:)ərəti]

mature ⓗ 다 자란; 어른스러운, 성숙한

| ⓜ <사람, 동식물 등> 다 자란 상태 | adulthood |
| ⓜ 성숙함, 어른스러움 | |

Trees reach maturity at different ages, depending on the species.
나무는 종에 따라 다양한 나이에 성숙기에 도달한다.
It takes maturity to stay calm in stressful situations.
스트레스가 많은 상황에서 침착함을 유지하기 위해서는 성숙함이 필요하다.

23
industrial
[indʌstriəl]

industry ⓜ 산업, 공업

| ⓗ 산업의, 공업의 |

industrial safety standards 산업 안전 기준
common industrial products 일반 공산품

24
foster
[fɔ́(:)stər]

| ⓥ 조성하다, 발전시키다 | develop, support, promote, encourage |
| ⓥ (남의 아이를) 키우다 | bring up, raise, nurture |

foster teamwork and collaboration
팀워크와 협동심을 기르다[발전시키다]
decide to foster a child from the local orphanage
지역 고아원에서 아이를 입양하기로 결정하다

> ☑ 지텔프 동의어 이렇게 출제된다
>
> It is important to foster a sense of cooperation among team members.
> (a) encourage   (b) adopt
> 팀원들 간의 협동심을 기르는 것이 중요하다.
> → 문장 속의 foster는 '발전시키다, 육성하다'란 의미이므로
>   (a) encourage(조장하다, 장려하다)가 정답이다.

25
general
[dʒénərəl]

generally ⓟ 일반적으로; 보통, 대개

| ⓗ 일반적인, 전반적인 | widespread, common, broad, prevalent |
| ⓜ 장군 | |

There is general concern about growing political tensions. 정치적 긴장이 고조되는 것에 대해 대부분이 우려하고 있다.
general interest 일반적인 관심사

26
evade
[ivéid]

| 통 피하다 | avoid |
| 통 <의무 등> 회피하다 | *escape* |

evade the police 경찰을 피하다
evade a question 질문을 회피하다
evade tax payments 탈세하다

27
fulfill
[fulfíl]

fulfillment 명 성취(감); 수행, 이행

| 통 <의무 등> 수행하다, 완료하다 | *perform*, complete |
| 통 <꿈, 목표를> 달성하다, 이루다 | *realize*, achieve, accomplish |

fulfill a task 업무를 수행하다
To fulfill his dream, Mark worked harder.
자신의 꿈을 이루기 위해 마크는 더 열심히 일했다.

28
humidity
[hju:mídəti]

humid 형 습한

| 명 습도 | moisture, damp |

The humidity in the room is very high.
방안의 습도가 매우 높다.

29
circular
[sə́:rkjələr]

| 형 원형의, 둥근 | round |

The rocks are in a circular formation.
돌들이 원형을 이루고 있다.
A fly typically flies in a circular motion.
파리는 보통 원형으로 난다.

30
incredibly
[inkrédəbli]

incredible 형 믿기 힘든; 엄청난, 대단한

| 부 믿기 힘들게도 | unbelievably |
| 부 엄청나게, 대단히 | amazingly |

Incredibly, no one was injured from the fire.
믿기 힘들게도, 그 화재로 다친 사람은 아무도 없었다.
an incredibly beautiful painting 엄청나게 아름다운 그림

31
gradually
[grǽdʒəwəli]

gradual 형 점진적인

🔈 서서히, 점차적으로 | steadily, slowly, progressively

The leaves gradually perished due to the lack of sunlight.
햇빛 부족으로 나뭇잎이 서서히 시들었다.
gradually progress from a small startup to a large corporation
작은 스타트업에서 점차 큰 회사로 발전하다

32
intend
[inténd]

intent 형 열중하는
명 의도

🔈 의도하다, 계획하다 | plan, aim, mean

intend to deceive customers 고객을 속이려고 의도하다
intend to be a writer 작가가 되기로 계획하다

33
adverse
[ædvə́:rs]

adversely 부 불리하게, 안 좋게

🔈 좋지 않은, 불리한 | *harmful*, negative, unfavorable

adverse weather conditions 불리한 기상 조건
adverse effect 역효과

☑ 지텔프 동의어 이렇게 출제된다

The **adverse** effects of smoking can lead to a variety of health problems.
(a) hostile   (b) harmful
흡연의 악영향은 다양한 건강상의 문제로 이어질 수 있다.
→ 문장 속의 adverse는 '좋지 않은'이란 의미이므로 (b) harmful (해로운)이 정답이다.

34
helpless
[hélplis]

🔈 무력한, 속수무책의, 의지할 곳 없는 | *vulnerable*, unprotected, exposed, weak

The bug may look small and helpless, but it is strong.
이 벌레는 작고 무력해 보일 수 있지만 강하다.

35
loosen
[lúːsən]

loose 형 느슨한; 헐렁한

동 느슨하게 하다, 완화하다   ease, relax, untie

loosen the screws 나사를 풀다
loosen the restrictions 규제를 느슨히 하다

36
surpass
[sərpǽs]

동 넘어서다, 능가하다   *exceed*, *outdo*, beat

surpass our expectations
우리의 기대를 능가하다
Erica has **surpassed** her teacher's swimming ability.
에리카는 선생님의 수영 실력을 능가했다.

37
grateful
[gréitfəl]

gratitude 명 감사

형 감사하는   thankful, appreciative

Sarah is **grateful** to her mentors for their advice.
사라는 멘토들의 조언에 감사한다.

38
infamous
[ínfəməs]

형 악명 높은   notorious

infamous for poor air quality
공기 질이 나쁘기로 악명 높은
He is **infamous** for being late to work.
그는 직장에 지각하기로 악명이 높다.

39
memorable
[mémərəbl]

memorize 동 외우다, 암기하다

형 기억할 만한, 인상적인   impressive, noteworthy, special, remarkable

a **memorable** experience
기억할 만한 경험
memorable characters of the novel
그 소설의 기억에 남는 인물들

40
copious
[kóupiəs]

형 대량의, 방대한	*large*, great, abundant, plentiful, ample

copious amounts of time 방대한 시간
copious evidence 방대한 증거

☑ **지텔프 동의어 이렇게 출제된다**

The **copious** use of resources has led to the depletion of the rainforest.
(a) large   (b) hazardous
대량의 자원 사용은 열대우림의 고갈을 초래했다.

→ 문장 속의 copious는 '대량의'란 의미이므로 (a) large(많은, 큰)가 정답이다.

41
guidance
[gáidəns]

guide 명 안내 (책자)
동 안내하다

명 지도, 안내	direction, instruction, advice

receive guidance from a famous pianist
유명한 피아니스트의 지도를 받다
guidance on how to use the software
소프트웨어 사용법에 대한 안내

42
moderate
형 [mádərət]
동 [mádərèit]

moderately 및 적당히, 중간 정도로

형 보통의, 중간의	*reasonable*, average, acceptable
형 온건한	mild
동 완화하다	

moderate success 보통의 성공
moderate political views 온건한 정치적 견해

43
sturdy
[stə́:rdi]

형 견고한, 튼튼한	*solid*, robust, durable

a sturdy fabric 튼튼한 직물
a building of sturdy construction 튼튼한 구조의 건물

44
identification
[aidèntəfəkéiʃən]

몡 파악, 신원 확인	discovery, detection
몡 신분증	

identification of problems
문제 파악
a form of identification
신분증의 한 종류

45
notify
[nóutəfài]

notification 몡 알림, 통지

동 (공식적으로) 알리다	*inform*, advise

notify the class of the date of the final exam
기말고사 날짜를 학급에 알리다

46
merger
[mə́:rdʒər]

merge 동 합병하다

몡 합병	consolidation

merger of the two companies
두 회사의 합병

47
pending
[péndiŋ]

혱 곧 있을, 임박한	imminent, forthcoming
혱 보류 중인	*unfinished*, unsettled, undecided
젼 ~가 있을 때까지	

pending tasks 곧 해야 하는 업무들
Nicole was suspended from work pending an investigation.
니콜은 조사를 기다리는 동안 업무 정지를 당했다.

☑ 지텔프 동의어 이렇게 출제된다

Bryan is getting frustrated with all the **pending** matters.
(a) prospective　　(b) unsettled
브라이언은 모든 미결 문제들로 인해 좌절하고 있다.
→ 문장 속의 pending은 '보류 중인, 미결정의'란 의미이므로
　(b) unsettled(해결되지 않은)가 정답이다.

48
outdated
[autdeitid]

| 형 구식의 | obsolete, dated |

outdated equipment
구식 장비

49
drought
[draut]

| 명 가뭄 | dryness |

Livestock are often severely affected by **drought**.
가축은 종종 가뭄의 영향을 심하게 받는다.

50
peer
[piər]

| 명 또래 | |

smarter than her **peers**
그녀의 또래들 보다 더 똑똑한
peer pressure
또래(동료)들로부터 받는 압력

■ 해당 단어의 동의어를 찾아 연결하세요.

1 derive •   • ⓐ take

2 expel •   • ⓑ endure

3 disregard •   • ⓒ escape

4 evade •   • ⓓ banish

5 withstand •   • ⓔ ignore

■ 밑줄 친 단어의 의미와 가장 유사한 단어를 고르세요.

6 the **proximity** of the Sun and the Earth
   (a) humidity   (b) surface   (c) nearness   (d) maturity

7 try to **evade** the angry mob
   (a) escape   (b) affect   (c) ignore   (d) derive

8 **fulfill** his lifelong dream of becoming a writer
   (a) frustrate   (b) approach   (c) erupt   (d) realize

9 **gradually** change his perspective on life
   (a) widely   (b) slowly   (c) substantially   (d) slightly

10 **surpass** the expectations of our customers
   (a) survive   (b) exceed   (c) expel   (d) disapprove

Key Paraphrases

패러프레이징 빈출 표현

패러프레이징은 비슷한 의미를 다른 표현으로 나타내는 방식입니다. 본문과 정답 보기에 알맞게 패러프레이징된 표현을 매칭하는 것은 지텔프 독해의 핵심 전략이므로, 패러프레이징 빈출 표현을 익혀 독해 만점에 도전해 봅시다. 48＋점, 65＋점 목표라면 꼭 암기하세요!

본문	Paraphrasing	정답	☑ 암기 끝!
perform onstage (무대 위에서 공연하다)	≫	perform in a theater (극장에서 공연하다)	☐
continue for up to four years (최대 4년까지 지속되다)	≫	can be stored for long periods (장기간 보관될 수 있다)	☐
often escape into books (종종 책 속으로 도피하다)	≫	read a lot (책을 많이 읽다)	☐
quickly become a hit (금세 대성공을 거두다)	≫	instant success (즉각적인 성공)	☐
look like works of art (예술품 같다)	≫	beautifully created (아름답게 만들어진)	☐
be vandalized frequently (빈번하게 파손되다)	≫	be damaged over and over (반복적으로 훼손되다)	☐
group together (무리를 짓다)	≫	coordinate with each other (서로 조화를 이루다)	☐
a leading singer (일류 가수)	≫	a well-known musician (유명한 음악가)	☐
poor quality of medical care (질 낮은 의료)	≫	inadequate treatment (부적절한 치료)	☐
folktales and fables (민화와 우화)	≫	various kinds of stories (다양한 종류의 이야기)	☐
be given low wages (적은 급여를 받다)	≫	be underpaid (저임금을 받다)	☐
best-selling (베스트셀러인)	≫	widely popular (널리 인기 있는)	☐

01
accord
[əkɔ́:rd]

⑲ 합의, 일치

agreement, harmony, accordance

Jason's explanation is not in **accord** with the facts.
제이슨의 설명은 사실과 일치하지 않는다.

> ☑ 지텔프 동의어 이렇게 출제된다
>
> The results of the study were not in **accord** with what was expected.
> (a) combination   (b) agreement
> 그 연구의 결과는 예상했던 것과 일치하지 않았다.
> → 문장 속의 accord는 '일치'란 의미이므로 (b) agreement(동의, 일치)가 정답이다.

02
distributor
[distríbjətər]

distribute ⑧ 분배하다; 배급하다
distribution ⑲ 분배; 배급

⑲ 유통업체, 배급사

a film **distributor** 영화 배급사

03
noticeable
[nóutisəbl]

notice ⑧ 알아차리다
⑲ 공고(문); 주목

⑲ 뚜렷한, 현저한

clear, obvious, conspicuous

a **noticeable** difference in the number of students
학생 수의 현저한 차이

04
sparingly
[spέəriŋli]

⑨ 조금씩, 아껴서

infrequently, frugally

use water **sparingly** 물을 아껴[조금씩] 쓰다

05
monument
[mánjəmənt]

⑲ 기념비, 기념물

memorial

a historic **monument** 역사적 기념물

06
noble
[nóubl]

(형) 고귀한, 숭고한 | honorable, virtuous

Martin Luther King fought for a **noble** cause.
마틴 루터 킹은 숭고한 대의를 위해 싸웠다.

07
fundraising
[fəndreisiŋ]

(명) 기금 모금

hold a **fundraising** event
모금 행사를 열다

08
malfunctioning
[mælfəŋkʃəniŋ]

malfunction (동) 오작동하다, 고장 나다

(형) 오작동하는, 고장 난 | flawed, defective, faulty

a **malfunctioning** machine
고장 난 기계

09
obesity
[oubíːsəti]

obese (형) 비만의

(명) 비만 | corpulence, fatness

prevent **obesity**
비만을 예방하다

10
unforeseen
[ʌ̀nfɔːrsíːn]

(형) 예기치 못한, 뜻밖의 | *unexpected*, unpredicted, unanticipated

Unforeseen circumstances may arise.
예기치 못한 상황이 발생할 수 있다.

☑ 지텔프 동의어 이렇게 출제된다

Unforeseen circumstances led to the cancellation of the event.
(a) Unexpected   (b) Unsettled
예기치 못한 상황이 그 행사를 취소하게 했다.
→ 문장 속의 unforeseen은 '예기치 못한'이란 의미이므로
   (a) Unexpected(예상치 못한)가 정답이다.

11

overlook
[óuvərlùk]

| 동 간과하다 | neglect, miss |

| 동 ~가 내려다보이다 | |

overlook the importance of communication
의사소통의 중요성을 간과하다

12

byproduct
[báiprɑ̀dəkt]

| 명 부산물, 부차적 결과 |

A byproduct of industrialization is environmental
pollution.
산업화의 부산물은 환경 오염이다.

13

sanctuary
[sǽŋktʃuèri]

| 명 보호 구역 | reserve, shelter |

a wildlife sanctuary 야생 동물 보호 구역

14

prolonged
[prəlɔ́:ŋd]

| 형 오래 계속되는, 장기간의 | extended, long, lengthy, protracted |

Prolonged exposure to loud noise can cause hearing
loss.
큰 소음에 장기간 노출되면 청력 손실을 초래할 수 있다.

15

petition
[pətíʃən]

| 명 청원(서), 탄원(서) | appeal, entreaty |

| 동 청원하다, 탄원하다 | |

submit a petition 청원서를 제출하다

16

moisture
[mɔ́istʃər]

moisturize 동 수분을 공급하다,
촉촉하게 하다

| 명 수분, 습기 | dampness, humidity |

absorb moisture from the soil
토양에서 수분을 흡수하다

17
spouse
[spaus]

| 명 배우자 | partner, husband, wife, mate |

his spouse's incurable disease 그의 배우자의 난치병

18
obey
[oubéi]

obedience 명 복종, 순종

| 동 복종하다, 따르다 | follow, *execute* |

obey an order 명령에 복종하다
obey the rules of the workplace 직장 규칙을 따르다

> ☑ 지텔프 동의어 이렇게 출제된다
>
> The defendant was required to **obey** the order of the court.
> (a) execute   (b) facilitate
> 피고는 법원의 명령에 복종해야 했다.
> → 문장 속의 obey는 '복종하다, 따르다'란 의미이므로 (a) execute
>   (이행하다, 따르다)가 정답이다.

19
stimulate
[stímjəlèit]

stimulation 명 자극, 촉진

| 동 자극하다, 촉진시키다 | encourage, provoke |

stimulate the brain 두뇌를 자극하다
stimulate the release of hormones
호르몬 분비를 촉진시키다

20
immoral
[imɔ́(ː)rəl]

⊜ moral 형 도덕의; 도덕적인

| 형 비도덕적인, 부도덕한 | wicked, bad, *malicious*, unethical |

It is immoral to cheat on a test.
시험에서 부정행위를 하는 것은 부도덕한 일이다.

21
skillfully
[skílfəli]

| 부 능숙하게 | expertly, adeptly, proficiently |

skillfully play the piano 피아노를 능숙하게 연주하다

22
tenant
[ténənt]

| 명 세입자 | renter, occupant |

landlord and tenant 집주인과 세입자

23

prone
[proun]

| 형 ~하기 쉬운 | liable, inclined |

Children are **prone** to getting hurt.
아이들은 다치기 쉽다.

24

surrender
[səréndər]

| 동 항복하다 | submit, yield |
| 동 넘겨주다, 내주다 | abandon |

surrender the weapons to the enemy
무기를 적에게 내주다

25

influential
[ìnfluénʃəl]

influence 형 영향(력)
동 영향을 미치다

| 형 영향력 있는 | leading |

an **influential** artist 영향력 있는 예술가

26

offspring
[ɔ́(ː)fsprìŋ]

| 명 자식, 새끼 | |

The rabbit produced six **offspring**.
토끼는 새끼 여섯 마리를 낳았다.

27

skeptical
[sképtikəl]

| 형 회의적인, 의심 많은 | *doubtful*, dubious, unsure |

Adam is **skeptical** of the results of the study.
아담은 그 연구 결과에 대해 회의적이다.

☑ 지텔프 동의어 이렇게 출제된다

Eric was <u>skeptical</u> about his chances of winning.
(a) undecided   (b) doubtful

에릭은 자신이 이길 가능성에 대해 회의적이었다.

→ 문장 속의 skeptical은 '회의적인'이란 의미이므로 (b) doubtful(의
심스러운, 확신이 없는)이 정답이다.

28
superstition
[sjùːpərstíʃən]

명 미신

believe in **superstition** 미신을 믿다

29
tribe
[traib]

명 종족, 부족 | people

trade between different **tribes** 서로 다른 부족 간의 무역

30
multiple
[mʌ́ltəpl]

형 다수의, 여럿의 | several, many, numerous

make **multiple** copies 여러 부를 복사하다
a **multiple** choice question 객관식 문제

31
trace
[treis]

동 추적하다, 밝혀내다 | *follow*, track

명 흔적, 자취 | remains, track, mark

The origins of the universe can be **traced** back to the Big Bang.
우주의 기원은 빅뱅으로 거슬러 올라갈 수 있다.
find **traces** of blood at the crime scene
범죄 현장에서 혈흔을 발견하다
숙어 **trace back to** ~로 거슬러 올라가다

32
elaborate
형 [ilǽbərət]
동 [ilǽbərèit]

형 정교한, 정밀한 | complicated, *complex*, detailed,

동 상세히 말하다

The dress has an **elaborate** design.
그 드레스는 디자인이 정교하다.
elaborate on the main points 요점을 상세히 설명하다

33

genuine
[dʒénjuin]

🔞 진짜의, 진품의	original, authentic
🔞 진정한, 진실된	sincere, earnest

a genuine article 진품
take a genuine interest in fashion
패션에 진정한 관심을 갖다

34

pertaining to
[pərtéiniŋ]

🔞 ~와 관련된	*relating to*, concerning, regarding

All information pertaining to the incident is
confidential.
그 사건과 관련된 모든 정보는 기밀이다.

35

endorse
[indɔ́:rs]

🔞 <정책·의견 등> 지지하다, 승인하다	*support*, approve, back, sanction, authorize

The president refused to endorse the bill.
대통령은 그 법안에 대한 승인을 거부했다.

36

prolifically
[prəlífikəli]

prolific 🔞 다작의, 다산의

🔞 다작으로, 다산으로	*productively, frequently*

Writing prolifically is a great way to improve writing
skills.
글을 많이 쓰는 것은 글쓰기 능력을 향상시키는 좋은 방법이다.

☑ 지텔프 동의어 이렇게 출제된다

Ernest Hemingway published **prolifically** throughout
his life.
(a) frequently   (b) confidently

어니스트 헤밍웨이는 일생 동안 많은 책을 출판했다.

→ 문장 속의 prolifically는 '다작으로'란 의미이므로
   (a) frequently(빈번하게, 자주)가 정답이다.

37
surveillance
[səːrvéiləns]

명 감시 | watch, observation

install a surveillance camera
감시 카메라를 설치하다

38
versatile
[vɔ́ːrsətl]

형 다용도의, 다목적의, 다재다능한 | all-round

Salt is a versatile ingredient that can be used in many different dishes.
소금은 다양한 요리에 사용될 수 있는 다용도 재료이다.

39
wane
[wein]

동 <영향력 등> 약해지다, 줄어들다 | *fade*, decline, weaken, diminish, subside

The popularity of the show has been slowly waning.
그 쇼의 인기는 서서히 떨어지고 있다.

40
ritual
[rítʃuəl]

명 의식, 의례 | ceremony, rite

The ritual of baptism is a Christian tradition.
침례 의식은 기독교의 전통이다.

41
texture
[tékstʃər]

명 질감, 감촉 | feel

the soft texture of the fabric
원단의 부드러운 질감

42
hardship
[háːrdʃip]

명 어려움, 역경 | trouble, difficulty, adversity

suffer financial hardship 재정적인 어려움을 겪다

43
provoke
[prəvóuk]

| 동 유발하다, 불러일으키다 | **spark**, cause, arouse, generate, prompt, induce |

provoke a lot of debate
많은 논쟁을 불러일으키다

The new law **provoked** strong criticism from civil rights groups.
(a) practiced   (b) sparked
새로운 법은 시민권 단체들로부터 강한 비판을 불러일으켰다.

→ 문장 속의 provoke는 '불러일으키다'란 의미이므로
  (b) sparked(촉발시켰다)가 정답이다.

44
uphold
[ʌphóuld]

| 동 옹호하다, 유지시키다 | **maintain**, support, sustain |

The courts have a duty to **uphold** the law.
법원은 법을 수호할 의무가 있다.

45
slate
[sleit]

| 동 계획하다 | **schedule**, arrange, plan |

The exhibition is **slated** for November.
전시회는 11월로 예정되어 있다.

46
vanish
[vǽniʃ]

| 동 (갑자기) 사라지다 | disappear |

The car **vanished** without trace from the parking lot.
그 차는 주차장에서 흔적도 없이 사라졌다.

47
findings
[fáindiŋz]

| 명 (연구·조사 등) 결과 | result, conclusion |

The new **findings** will be presented at the conference.
새로운 연구 결과가 학회에서 발표될 것이다.

48

viable
[váiəbl]

형 실행 가능한, 실현 가능한 | possible, practical, feasible, realistic, workable

The proposed merger is not **viable**.
제안된 합병은 실현 가능하지 않다.

49

vicious
[víʃəs]

형 악랄한, 잔인한 | malicious, cruel, violent

a **vicious** attack 잔인한 공격

50

cater to
[kéitər]

동 ~에 맞춰 제공하다, ~을 충족하다 | *serve*, satisfy, meet

cater to the client's specific preferences
고객의 특정 취향에 맞추다

■ 해당 단어의 동의어를 찾아 연결하세요.

1 skeptical •   • ⓐ doubtful

2 skillfully •   • ⓑ expertly

3 noticeable •   • ⓒ extended

4 prolonged •   • ⓓ clear

5 immoral •   • ⓔ malicious

■ 밑줄 친 단어의 의미와 가장 유사한 단어를 고르세요.

6 **trace** the steps of the criminal
   (a) overlook   (b) proceed   (c) wane   (d) follow

7 **prolonged** periods of cold weather
   (a) vicious   (b) widened   (c) extended   (d) genuine

8 **prone** to headaches after drinking coffee
   (a) versatile   (b) ideal   (c) elaborate   (d) liable

9 water trees and shrubs **sparingly**
   (a) infrequently (b) skillfully   (c) regularly   (d) typically

10 **endorse** the decision of the school board
   (a) stimulate   (b) support   (c) resign   (d) surrender

Key Paraphrases

패러프레이징 빈출 표현

패러프레이징은 비슷한 의미를 다른 표현으로 나타내는 방식입니다. 본문과 정답 보기에 알맞게 패러프레이징된 표현을 매칭하는 것은 지텔프 독해의 핵심 전략이므로, 패러프레이징 빈출 표현을 익혀 독해 만점에 도전해 봅시다. 48+점, 65+점 목표라면 꼭 암기하세요!

본문	Paraphrasing	정답	☑ 암기 끝!
a famous rock band (유명한 록 밴드)	>>>	a musical group (음악 그룹)	☐
the imperial classes of Persia (페르시아의 황실 계급)	>>>	the upper classes (상류 계급)	☐
a world record holder (세계 기록 보유자)	>>>	better than anyone else (다른 누구보다 나은)	☐
be obsessed with (~에 집착하다)	>>>	focus solely on (단지 ~에만 초점을 맞추다)	☐
witness poverty (가난을 목격하다)	>>>	be exposed to poor living conditions (열악한 생활 환경에 노출되다)	☐
an occupational disease (직업과 관련된 질병)	>>>	health risks at work (직장에서의 건강상의 위험)	☐
be dissolved (해체되다)	>>>	break up (해체되다)	☐
cracks on the wall (벽의 균열)	>>>	structural damage (구조적 손상)	☐
be determined (결단력을 갖다)	>>>	have strong willpower (의지력이 강하다)	☐
display solidarity with laborers (노동자와의 연대를 보여주다)	>>>	show support for workers (노동자에 대한 지지를 보여주다)	☐
very intelligent (매우 똑똑한)	>>>	show sophisticated mental ability (고도화된 정신적 능력을 보여주다)	☐
resonate with readers (독자들의 공감을 불러일으키다)	>>>	relatable to many people (많은 사람들과 연관이 될 수 있는)	☐

01
peculiar
[pikjú:ljər]

형 이상한, 특이한	strange, unusual, uncommon, odd, weird
형 특유의	unique, distinct

gather **peculiar** items 특이한 아이템을 모으다
features **peculiar** to mammals 포유류 특유의 특징

02
unbearable
[ʌnbɛ́(:)ərəbl]

bear 동 참다, 견디다; (성질을) 띠다, 지니다

형 참을 수 없는, 견디기 어려운	intolerable

unbearable pain 참을 수 없는 고통
unbearable heat 견딜 수 없는 더위

03
myth
[miθ]

mythical 형 신화에 나오는; 잘못된, 가공된

명 신화	legend, story
명 잘못된 믿음, 근거 없는 통념	illusion

the Greek **myths** 그리스 신화
the **myth** that men are better at math than women
남성이 여성보다 수학에 뛰어나다는 잘못된 통념

04
tackle
[tǽkl]

동 대처하다, 해결하다	*address*, deal with, handle

tackle a problem 문제에 대처하다
tackle the crisis 위기에 대처하다

> ☑ **지텔프 동의어 이렇게 출제된다**
>
> The group will meet to discuss how to **tackle** the issue of climate change.
> (a) address   (b) stop
> 그 단체는 기후 변화 문제를 다루는 방법을 논의하기 위해 만날 것이다.
> → 문장 속의 tackle은 '다루다, 대처하다'란 의미이므로
>   (a) address(대응하다, 대처하다)가 정답이다.

05
ubiquitous
[juːbíkwitəs]

| 형 어디에나 있는, 흔히 볼 수 있는 | *widespread*, common, everywhere, pervasive |

Starbucks is a ubiquitous coffee chain.
스타벅스는 어디에나 있는 커피 체인점이다.

06
punctuality
[pʌ̀ŋktʃuǽləti]
punctual 형 시간을 엄수하는

| 명 시간 엄수 | promptness |

Punctuality is the key element of success.
시간 엄수는 성공의 핵심 요소다.

07
disclose
[disklóuz]

| 동 밝히다, 드러내다 | *tell*, reveal, show, unveil, expose, uncover |

disclose details of the company's future plans
회사의 장래 계획을 밝히다
finally disclose the truth
마침내 진실을 밝히다

08
valid
[vǽlid]
validity 명 유효성; 타당성

| 형 유효한 | legitimate |
| 형 타당한 | sound, reasonable, acceptable, sensible |

The coupon is no longer valid.
쿠폰은 더 이상 유효하지 않다.
a valid criticism
타당한 비판

09
summarize
[sʌ́məràiz]
summary 명 요약

| 동 요약하다 | recap, outline, condense |

summarize the main points of the meeting
회의의 요점을 요약하다

10
flawlessly
[flɔ́ːlisli]
flaw 명 흠, 결함, 결점
flawless 형 흠잡을 데 없는, 완벽한

| 부 흠잡을 데 없이, 완벽하게 | perfectly, impeccably |

The truck driver transferred the cargo flawlessly.
트럭 운전사는 화물을 완벽히 옮겼다.

11
avert
[əvə́:rt]

| 통 방지하다, 막다 | *stop*, prevent, avoid |
| 통 외면하다, 시선을 돌리다 | turn away |

avert famine
기근을 방지하다
Avert your thoughts from problems.
문제로부터 당신의 생각을 돌리세요.

> ☑ 지텔프 동의어 이렇게 출제된다
>
> The country is taking steps to **avert** an environmental disaster.
> (a) turn   (b) stop
> 그 나라는 환경 재앙을 막기 위한 조치를 취하고 있다.
> → 문장 속의 avert는 '막다'란 의미이므로 (b) stop(막다, 방해하다)이 정답이다.

12
magnificent
[mægnífisənt]

| 형 훌륭한, 장엄한, 매우 아름다운 | grand, majestic, splendid, impressive, imposing |

a magnificent view 웅장한 경치
a magnificent speech 훌륭한 연설

13
anniversary
[æ̀nəvə́:rsəri]

| 명 기념일 |

a wedding anniversary 결혼 기념일
commemorate the 100th anniversary of his birth
그의 탄생 100주년을 기념하다

14
dye
[dai]

| 명 염료, 염색약 | coloring |
| 통 염색하다 | |

dye the cloth purple 천을 보라색으로 염색하다

262

15

misplace
[mispléis]

⑧ (제자리에 두지 않고) 어디에 두었는지 잊어버리다 | lose, mislay

He is always **misplacing** his car keys.
그는 항상 차 열쇠 둔 곳을 잊어버린다.

16

fossil
[fásl]

⑨ 화석

unearth the **fossil** of a marine reptile
해양 파충류의 화석을 발굴하다

17

bolster
[bóulstər]

⑧ 강화하다, 보강하다	support, strengthen, reinforce
⑧ (자신감, 사기 등) 북돋우다	*enhance*

bolster the economy
경제를 강화하다
bolster her confidence
그녀의 자신감을 북돋우다

☑ 지텔프 동의어 이렇게 출제된다

The company's cutting-edge products **bolster** its reputation as an industry leader.
(a) maintain   (b) enhance

그 회사의 최첨단 제품은 업계 선두주자로서의 명성을 드높인다.
→ 문장 속의 bolster는 '북돋우다, 높이다'란 의미이므로
   (b) enhance(높이다, 향상시키다)가 정답이다.

18

discourage
[diskə́:ridʒ]

⑧ ~을 하지 못하게 하다, 단념시키다	deter, prevent
⑧ 좌절시키다, 의욕을 꺾다	dishearten, daunt

Tyler was **discouraged** from becoming an actor by his parents.
타일러는 부모님에 의해 배우가 되는 것을 단념하게 되었다.
Negative feedback on her restaurant **discouraged** Lauren.
자신의 레스토랑에 대한 부정적인 피드백은 로렌을 낙담시켰다.

19
transparent
[trænspέ(:)ərənt]
transparency 명 투명함

형 투명한, 비치는	clear
형 이해하기 쉬운, 명료한	plain, easy, lucid
형 숨김없는, 투명한	open, frank, candid, honest, direct

a transparent fish tank 투명한 어항
transparent instructions 명료한 설명
a transparent election process 투명한 선거 과정

20
outsource
[àutsɔ́:rs]

| 동 외부에 위탁하다 |

The work was outsourced to an advertising agency.
그 일은 광고 대행사에 위탁되었다.

21
hostility
[hastíləti]

| 명 반감, 적대감 | hatred, opposition, *anger*, aversion |

hostility toward neighboring countries 주변국에 대한 적대감

22
reproduce
[rì:prədjú:s]
reproduction 명 번식, 생식; 복사; 복제(품)

| 동 (식물이나 동물 등) 번식하다, 생식하다 | breed, spawn |
| 동 복사하다 | copy, duplicate |
| 동 다시 만들어 내다, 재현하다 |

The fish of this lake reproduce during the rainy season. 이 호수의 물고기는 장마철에 번식한다.
reproduce the artist's work on T-shirts
티셔츠에 작가의 작품을 재현하다

23
graduate
⑧ [grǽʤuèit]
⑨ ⑧ [grǽʤuət]
graduation ⑲ 졸업(식)

⑧ 졸업하다	
⑲ 졸업생	
⑱ 대학원의	

graduate from high school
고등학교를 졸업하다
a graduate student 대학원생

24
alleviate
[əlíːvièit]

⑧ 완화시키다, 경감시키다	ease, relieve, lessen, reduce, mitigate

alleviate pain 고통을 경감시키다
alleviate poverty 빈곤을 완화시키다

☑ **지텔프 동의어 이렇게 출제된다**

There are many ways to **alleviate** pain without medication.
(a) reduce   (b) cause
약물 치료 없이 통증을 완화하는 방법은 여러 가지가 있다.
→ 문장 속의 alleviate는 '완화하다, 줄이다'란 의미이므로
   (a) reduce(줄이다)가 정답이다.

25
scholarship
[skálərʃìp]

⑲ 장학금	grant

be granted a full scholarship
전액 장학금을 받다

26
consecutive
[kənsékjətiv]
consecutively ⑨ 연속으로, 연이어

⑱ 연속적인, 연이은	successive

for three consecutive hours
3시간 연속으로

27
courtesy
[kə́ːrtisi]

| 명 공손함, 예의 | politeness, grace |
| 형 서비스로 제공되는, 무료로 제공되는 | |

treat customers with courtesy 고객을 공손하게 대하다
a courtesy shuttle bus 서비스로 제공되는 셔틀 버스
숙어 (by) courtesy of ~의 허가를 받아, ~ 때문에, ~로부터 제공되는

28
chronic
[kránik]

| 형 만성의, 고질적인 | persistent, constant habitual |

chronic diseases 만성 질환
chronic stress 만성 스트레스

29
commemorate
[kəmémərèit]

| 동 기념하다 | celebrate, observe |

A memorial service was held to commemorate the event.
그 사건을 기념하기 위해 추도식이 열렸다.

30
temperate
[témpərət]

| 형 (날씨나 기후가) 온화한 | *mild*, moderate |
| 형 (사람의 행동이나 말이) 온화한, 절제된 | |

in a temperate region
기후가 온화한 지역에서

☑ 지텔프 동의어 이렇게 출제된다

The **temperate** climate of the Pacific Northwest is perfect for growing grapes.
(a) humid   (b) mild
태평양 북서부의 온화한 기후는 포도를 재배하기에 완벽하다.
→ 문장 속의 temperate은 '온화한'이란 의미이므로 (b) mild(온화한, 따뜻한)가 정답이다.

31
longevity
[lɑndʒévəti]

명 수명, 장수

attribute **longevity** to positive attitude
장수를 긍정적인 태도 덕분으로 보다

32
discern
[disə́ːrn]

| 동 파악하다 | perceive, notice |
| 동 식별하다 | distinguish, differentiate |

discern differences between the two paintings
두 그림의 차이점을 파악하다

33
solidarity
[sὰlidǽrəti]

| 명 연대, 결속 | *unity* |

show **solidarity** with the young generation
젊은 세대와의 연대를 보이다

> **☑ 지텔프 동의어 이렇게 출제된다**
>
> There is a great need for **solidarity** among all
> members of our team.
> (a) unity　　　　(b) solitude
> 우리 팀의 모든 구성원들 사이에 연대의 필요성이 매우 크다.
> → 문장 속의 solidarity는 '연대'란 의미이므로 (a) unity(단결, 결속)가
> 　정답이다.

34
staple
[stéipl]

| 형 기본이 되는, 주된 | ***standard***, chief, main, key, primary, principal |

a **staple** dish of South Africa
남아프리카의 기본 요리

35
careless
[kέərlis]

care 명 돌봄; 주의
동 신경 쓰다, 관심 갖다

| 형 부주의한, 경솔한 | thoughtless, indiscreet |

careless drivers
부주의한 운전자들
a **careless** remark about weight
체중에 대한 경솔한 발언

36

arrogant
[ǽrəgənt]

arrogance 명 거만, 오만

🔳 형 거만한, 오만한

conceited, lordly, haughty

an **arrogant** manner
오만한 태도

37

racial
[réiʃəl]

🔳 형 인종의, 인종간의

racial discrimination
인종 차별
call for an end to **racial** injustice
인종 불평등의 종식을 호소하다

38

improvise
[ímprəvàiz]

improvisational 형 즉흥의
improvisation 명 (공연·연기 등)
즉흥으로 하기

🔳 동 즉흥적으로 하다,
있는 것으로 만들다

invent, ad-lib

the **improvised** lyrics 즉흥적으로 만들어진 가사

39

perish
[périʃ]

🔳 동 (사고나 재난 등으로) 죽다,
사라지다

die, pass away

perish due to starvation
기아로 죽다

40

pest
[pest]

🔳 명 해충, 유해 동물

reduce the number of **pests**
해충의 수를 줄이다

41
ban
[bɑːn]

똉 금지	prohibition
똉 금지하다	forbid, prohibit, outlaw

The hunting of sea lions has been **banned**.
바다사자의 사냥은 금지되었다.

> **☑ 지텔프 동의어 이렇게 출제된다**
>
> The school has decided to **ban** cell phones during class hours.
> (a) prohibit　　　(b) declare
> 학교는 수업 시간 동안 휴대폰 사용을 금지하기로 결정했다.
> → 문장 속의 ban은 '금지하다'란 의미이므로 (a) prohibit(금지하다)이 정답이다.

42
implication
[ìmpləkéiʃən]
imply 똉 암시하다

똉 영향	
똉 암시	suggestion

ecological **implications** of global warming
지구 온난화의 생태학적 영향

43
asset
[ǽset]

똉 자산, 재산	***belongings***, resource

see her as a future **asset**
그녀를 미래의 자산으로 여기다
use all of the **assets**
모든 재산을 사용하다

44
hatch
[hætʃ]

똉 부화하다	

The eggs **hatched** into chicks. 알이 병아리로 부화했다.

incoherent
[ìnkouhí(:)ərənt]

coherent 형 논리 정연한;
일관성 있는

| 형 횡설수설하는 | wandering |
| 형 일관성이 없는 | inconsistent, confusing, unclear |

The findings of the study were incoherent.
연구 결과는 일관성이 없었다.

---

retail
[rí:tèil]

| 명 소매 |
| 동 소매하다 |

the retail price of the iPhone
아이폰의 소매 가격

---

complement
[kámpləmənt]

complementary 형 상호 보완적인

| 동 보완하다 | *enhance*, complete, improve, *match* |
| 명 보완물, 보충제 | |

Teachers use pictures to complement their teaching.
선생님들은 수업을 보완하기 위해 사진을 사용한다.
a nutritional complement
영양 보충제

---

vulnerable
[vʌlnərəbl]

| 형 (~에) 상처받기 쉬운, 취약한 | *helpless*, *open*, susceptible, exposed, unprotected, sensitive |

Plants are vulnerable to pests and diseases.
식물은 해충과 질병에 취약하다.

☑ 지텔프 동의어 이렇게 출제된다

Rickey is **vulnerable** to criticism because he tends to be very hard on himself.
(a) open   (b) exclusive

리키는 자신에게 매우 엄격한 경향이 있기 때문에 비판에 취약하다.

→ 문장 속의 vulnerable은 '취약한'이란 의미이므로 'be open to (~에 무방비이다, ~받기 쉽다)'를 구성하는 (a) open이 정답이다.

49

manipulate

[mənípjulèit]

manipulation 명 조작; 조종

| 동 (교묘하게 사람이나 사물을) 조종하다 | maneuver |
| 동 처리하다, 조작하다 | operate, handle |

manipulate the masses 대중을 조종하다
manipulate a machine 기계를 조작하다

50

corruption

[kərʌpʃən]

| 명 부패, 타락 | |

tackle the issue of nationwide corruption
전국적인 부패 문제를 다루다

■ 해당 단어의 동의어를 찾아 연결하세요.

1 discourage •　　　　　• ⓐ deter

2 ubiquitous •　　　　　• ⓑ strengthen

3 bolster •　　　　　• ⓒ widespread

4 peculiar •　　　　　• ⓓ strange

5 magnificent •　　　　　• ⓔ majestic

■ 밑줄 친 단어의 의미와 가장 유사한 단어를 고르세요.

6 a **staple** ingredient in French cuisine

(a) unbearable　　(b) natural　　(c) necessary　　(d) primary

7 **chronic** pain in his lower back

(a) persistent　　(b) temperate　　(c) slight　　(d) consecutive

8 **disclose** its financial results to shareholders

(a) discern　　(b) submit　　(c) show　　(d) improvise

9 The music will **complement** the mood.

(a) manipulate　　(b) enhance　　(c) alleviate　　(d) hatch

10 The patient didn't receive proper care and **perished**.

(a) died　　(b) averted　　(c) worsened　　(d) commemorated

Key Paraphrases

LEVEL UP⁺

⬛◻✕

패러프레이징 빈출 표현

패러프레이징은 비슷한 의미를 다른 표현으로 나타내는 방식입니다. 본문과 정답 보기에 알맞게 패러프레이징된 표현을 매칭하는 것은 지텔프 독해의 핵심 전략이므로, 패러프레이징 빈출 표현을 익혀 독해 만점에 도전해 봅시다. 48＋점, 65＋점 목표라면 꼭 암기하세요!

본문	Paraphrasing	정답	☑ 암기 끝!
reduce the lifespan (수명을 줄이다)	≫	less likely to survive long-term (장기 생존 가능성이 낮다)	☐
take performance-enhancing drugs (경기력 향상 약물을 복용하다)	≫	have an unfair advantage in the race (경주에서 부당한 우위를 점하다)	☐
a projected expense (예상 비용)	≫	an estimated cost (추산된 비용)	☐
ignore the customer for some time (잠시 동안 고객을 무시하다)	≫	refuse to help promptly (신속하게 돕는 것을 거부하다)	☐
overseas invaders (해외의 침략자)	≫	foreign threats (외국의 위협)	☐
earliest depictions (최초의 묘사)	≫	oldest records (가장 오래된 기록)	☐
pictures of imaginary creatures (상상 속 생명체들의 그림)	≫	peculiar items (독특한 아이템)	☐
humid (습기가 많은)	≫	a lot of moisture (많은 수분)	☐
oversee its trade (거래를 감독하다)	≫	supervise its presence on the market (시장에서의 존재를 감독하다)	☐
picked from a nearby farm (근처 농장에서 따온)	≫	locally sourced (현지에서 조달된)	☐
the distinctive appearance (독특한 외형)	≫	an easily recognizable shape (쉽게 알아볼 수 있는 모양)	☐
proof of parental consent (부모 동의 증명서)	≫	document giving permission (허가하는 문서)	☐

01
impede
[impí:d]

동 방해하다, 저해하다 — *restrict*, *interfere with*, hinder, stop, disrupt

The war impeded the country's economic development.
전쟁은 나라의 경제 발전을 저해했다.

> ☑ 지텔프 동의어 이렇게 출제된다
>
> The growth of the plant was **impeded** by the lack of sunlight.
> (a) restricted   (b) influenced
> 식물의 성장이 햇빛의 부족으로 인해 방해를 받았다.
> → 문장 속의 impede는 '방해하다'란 의미이므로 (a) restricted(제한된)가 정답이다.

02
reform
[rifɔ́:rm]

명 개혁, 개선 — improvement, amelioration

동 개혁하다, 개선하다 — improve, ameliorate

reform the prison system 교도소 시스템을 개혁하다
economic and social reforms 경제 및 사회 개혁

03
apprehensive
[æprihénsiv]

형 걱정하는, 불안해하는 — concerned, worried, anxious, uneasy, nervous

be apprehensive about the upcoming test
다가오는 시험에 대해 걱정하다

04
sophisticated
[səfístəkèitid]

형 <기계·기술 등> 정교한, 복잡한 — advanced, complicated, elaborate, complex

형 세련된, 교양 있는 — cultivated, cultured, refined

sophisticated algorithmic techniques
정교한 알고리즘 기술
Katie's manner is very sophisticated.
케이티의 태도는 매우 세련되었다.

05
wander
[wándər]

통 거닐다, 배회하다 | roam, stroll

wander aimlessly around the park
공원을 정처 없이 거닐다

06
accrue
[əkrú:]

통 <이자·수익 등> 늘어나다, 불어나다 | accumulate, increase, grow

The interest rate on the loan will accrue daily.
대출 금리는 매일 불어날 것이다.

07
discrepancy
[diskrépənsi]

명 불일치, 차이 | difference, disagreement, inconsistency

There was an apparent discrepancy between her statements and the evidence.
그녀의 진술과 증거 사이에는 명백한 차이가 있었다.

08
prehistoric
[prì:histɔ́(:)rik]

형 선사 시대의 | earliest

a prehistoric site 선사 시대 유적지

09
rarity
[rɛ́(:)ərəti]

rare 형 드문, 희귀한

명 희소성, 희귀성 | scarcity, *infrequency*, uncommonness

the rarity of diamonds 다이아몬드의 희소성

10
contend
[kənténd]

통 다투다, 씨름하다 | *deal*, struggle

contend with the issue of climate change
기후 변화 문제와 싸우다

11
precautionary
[prikɔ́:ʃənèri]

형 예방의	preventive

take a **precautionary** measure
예방 조치를 취하다

12
personnel
[pə̀:rsənél]

명 직원, 인력	staff, employees
명 인사과	

military **personnel** 육군 병력
the **personnel** manager 인사 담당자

13
thesis
[θí:sis]

명 논문	dissertation, paper

write a master's **thesis** 석사 논문을 쓰다

14
acclaim
[əkléim]

동 칭송하다, 찬사를 보내다	*praise*, applaud, compliment, honor
명 칭송, 찬사	

the widely **acclaimed** album
널리 호평을 받은 앨범
receive critical **acclaim** 비평가의 찬사를 받다

☑ 지텔프 동의어 이렇게 출제된다

The novel has been **acclaimed** as a modern classic.
(a) considered   (b) praised
그 소설은 모던 클래식으로 칭송받고 있다.
→ 문장 속의 acclaim은 '칭송하다'란 의미이므로 (b) praised(칭찬받는)가 정답이다.

15
opaque
[oupéik]

형 불투명한	cloudy, dim

opaque glass of the window
창문의 불투명한 유리

16 retrieve

[ritríːv]

retrieval ⑲ 회수, 불러오기

| ⑧ 되찾아오다, 회수하다 | regain, recover, restore |

retrieve a ball from the garden
정원에서 공을 되찾아오다

17 undermine

[ʌndərmain]

| ⑧ 약화시키다, 손상시키다 | weaken, damage, compromise, hurt |

undermine the reputation of the political candidate
정치 후보자의 평판을 떨어뜨리다

18 culprit

[kʌ́lprit]

| ⑲ 범인 | criminal |
| ⑲ 원인, 장본인 | *cause* |

guess the culprit of the mystery novel
추리 소설의 범인을 추측하다

☑ 지텔프 동의어 이렇게 출제된다

The main culprit of the disease is still unknown.
(a) cause   (b) offender
그 병의 주요 원인은 아직 밝혀지지 않았다.
→ 문장 속의 culprit은 '원인'이란 의미이므로 (a) cause(원인, 이유)가
   정답이다.

19 radiation

[rèidiéiʃən]

| ⑲ 방사선 | |

emit radiation 방사선을 방출하다
infrared radiation 적외선

20 habitat

[hǽbitæt]

| ⑲ 서식지 | home |

The natural habitat of the lion is the African Savannah.
사자의 자연 서식지는 아프리카 사바나이다.

21

proprietor
[prəpráiətər]

| 명 <사업·기업 등> 소유주, 주인 | *owner*, possessor |

a **proprietor** of a luxury hotel
고급 호텔의 주인

22

relentless
[riléntlis]

| 형 끈질긴, 집요한 | persistent |
| 형 가차 없는 | merciless, ruthless |

The athlete was known for her **relentless** pursuit of victory.
그 선수는 끈질기게 승리를 추구하는 것으로 유명했다.

23

forage
[fɔ́:ridʒ]

| 동 구하러 다니다,
(먹이를) 찾아 다니다 | search |

forage for edible plants in the wilderness
야생에서 식용 식물을 찾아 다니다

24

maneuver
[mənú:vər]

| 명 (기술적인) 조작, 조종 | *move*, operation |
| 동 교묘히 다루다,
책략으로 움직이게 하다 | manipulate, contrive |

a pilot's skillful **maneuver**
조종사의 능숙한 조종

25

sluggish
[slʌ́giʃ]

| 형 느릿느릿한, 둔한 | slow, lethargic |

Eating too much can make you feel **sluggish**.
과식은 몸을 둔하게 만들 수 있다.

26

foremost
[fɔ́:rmòust]

| 형 가장 중요한, 최고의 | leading, chief, primary |

the **foremost** authority on the topic
그 주제에 대한 최고의 권위자

27
casualty
[kǽʒjuəlti]

| 몡 사상자 | *loss*, death, fatalities |

a large number of casualties
많은 수의 사상자

> ☑ 지텔프 동의어 이렇게 출제된다
>
> The earthquake caused heavy **casualties** and
> extensive damage.
> (a) losses　　　　(b) accidents
> 그 지진은 많은 사상자와 광범위한 피해를 야기했다.
> → 문장 속의 casualties는 '사상자'란 의미이므로 (a) losses(죽음)가
> 　 정답이다.

28
sanitation
[sæ̀nitéiʃən]

| 몡 위생 (관리) | *cleanliness*, hygiene |

poor sanitation
열악한 위생 상태

29
hydration
[haidréiʃən]

hydrate 통 수분을 공급[충전]하다

| 몡 수분 공급[충전] | |

adequate hydration
적절한 수분 공급

30
overseas
[ouvə́rsiz]

| 혱 해외의, 해외에서 온 | foreign |
| 부 해외로, 해외에서 | abroad |

overseas invaders 해외에서 온 침입자들
work overseas 해외에서 일하다

31
inheritance
[inhérətəns]

| 몡 유산, 상속 | legacy |

use her inheritance to help others
그녀의 유산을 남을 돕는 데 쓰다

32

emulate
[émjəlèit]

emulation 몡 모방

몡 본받다, 모방하다

imitate, follow, mirror, copy

emulate the habits of successful people
성공한 사람들의 습관을 모방하다

Edward always tries to find role models in life and **emulate** their behavior.

(a) imitate   (b) challenge

에드워드는 항상 인생에서 롤모델을 찾고 그들의 행동을 모방하려고 노력한다.

→ 문장 속의 emulate는 '모방하다'란 의미이므로 (a) imitate(모방하다, 흉내 내다)가 정답이다.

33

crave
[kreiv]

craving 몡 갈망, 열망

동 갈망하다, 열망하다

desire, want

crave chocolate all day
하루 종일 초콜릿을 갈망하다
crave attention from his parents
그의 부모로부터의 관심을 갈망하다

34

disperse
[dispə́:rs]

동 흩어지다, 해산하다

scatter, spread, distribute

be **dispersed** by wind 바람에 날려 흩어지다

35

appliance
[əpláiəns]

명 (가정용) 기기

device, machine

kitchen **appliances** 주방 용품[기기]

36

obsolete
[ὰbsəlí:t]

형 한물간, 더 이상 쓸모없는

old, outdated

This technology is now **obsolete**.
이 기술은 이제 더 이상 쓸모가 없어졌다.

37
criteria
[kraití(:)əriə]

criterion 몡 기준, 척도

| 몡 (판단을 위한) 기준, 척도 | standard, norm |

meet the safety **criteria** 안전 기준을 충족시키다

38
decay
[dikéi]

| 통 썩다, 부패하다 | perish, spoil |

The apple was starting to **decay**.
사과가 썩기 시작하고 있었다.

39
aspiring
[əspáiəriŋ]

aspire 통 열망하다
aspiration 명 열망, 포부
(= goal)

| 형 ~의 지망생인 | would-be |

an **aspiring** writer
작가 지망생

40
herald
[hérəld]

| 통 알리다, 예고하다 | signal, announce |
| 통 인정하다, 알아주다 | *praise*, recognize |

Anthony's work has been **heralded** as a masterpiece.
앤서니의 작품은 걸작으로 인정받아 왔다.

41
loot
[luːt]

| 통 약탈하다, 훔치다 | plunder, rob |
| 명 전리품, 약탈 | plunder |

The pirates divided the captured **loot** among themselves.
해적들은 포획한 전리품을 그들끼리 나누었다.

42
rejoice
[ridʒɔ́is]

🔵 통 대단히 기뻐하다　　　*cheer*, delight

rejoice at the news of the baby's birth
아기의 탄생 소식에 대단히 기뻐하다

> ☑️ 지텔프 동의어 이렇게 출제된다
>
> They **rejoiced** when they were finally able to be
> together again.
> (a) cheered　　　　(b) recurred
> 그들은 마침내 다시 함께 할 수 있게 되자 기뻐했다.
> → 문장 속의 rejoice는 '기뻐하다'란 의미이므로 (a) cheered(환호했
> 　다)가 정답이다.

43
obsessed
[əbsést]

🔵 형 집착하는, 중독된　　　immersed, preoccupied

be obsessed with fashion 패션에 집착하다
be obsessed with video games
비디오 게임에 빠져 있다

44
entice
[intáis]

🔵 통 유인하다, 유혹하다　　　attract, draw, lure

offer a free buffet to entice guests
손님을 유인하기 위해 무료 뷔페를 제공하다

45
boost
[bu:st]

🔵 통 북돋우다, 증가시키다　　　*promote, surge, improve, increase*, develop

🔵 명 부양책

boost sales by 10% 매출을 10% 올리다
offer a bonus to boost morale
사기 진작을 위해 보너스를 지급하다

46
perseverance
[pə̀:rsəví(:)ərəns]
persevere 통 끈기 있게 하다, 인내하다

🔵 명 끈기, 인내　　　persistence, endurance

display incredible perseverance
믿을 수 없을 정도의 끈기를 보이다

47
plague
[pleig]

(명) 전염병 | epidemic, disease, infection

The **plague** killed thousands of people.
전염병은 수천 명의 사람들을 죽였다.

48
congregate
[káŋgrigèit]

congregation (명) 신도(들); 집합

(동) 모이다 | **gather**, assemble, convene, flock

congregate in the square to listen to the guide
가이드의 말을 듣기 위해 광장에 모이다

☑ 지텔프 동의어 이렇게 출제된다

The committee members **congregated** in the library to discuss the proposal.
(a) collected　　(b) gathered
위원들은 그 제안을 논의하기 위해 도서관에 모였다.
→ 문장 속의 congregate는 '모이다'란 의미이므로 (b) gathered(모였다, 집합했다)가 정답이다.

49
turbulent
[tə́:rbjulənt]

(형) 혼란스러운, 격동의 | **unstable**, chaotic, stormy

turbulent political changes
격동의 정치적 변화

50
accident
[ǽksidənt]

accidentally (부) 우연히

(명) 사고 | crash, collision

(명) 우연 | chance, luck

happen by accident 우연히 일어나다
be involved in a car accident 교통사고를 당하다

Daily Test

■ 해당 단어의 동의어를 찾아 연결하세요.

1 apprehensive •   • ⓐ owner

2 proprietor •   • ⓑ worried

3 rarity •   • ⓒ regain

4 retrieve •   • ⓓ disagreement

5 discrepancy •   • ⓔ infrequency

■ 밑줄 친 단어의 의미와 가장 유사한 단어를 고르세요.

6 **boost** your productivity
   (a) mimic   (b) improve   (c) maintain   (d) retrieve

7 maintain a high standard of **sanitation**
   (a) radiation   (b) cleanliness (c) excellence   (d) discrepancy

8 **crave** love and compassion
   (a) wander   (b) receive   (c) acclaim   (d) desire

9 **entice** customers with a low introductory price
   (a) attract   (b) fascinate   (c) provide   (d) contend

10 be **heralded** as a game-changer in the industry
   (a) suggested   (b) published   (c) praised   (d) settled

Key Paraphrases

LEVEL UP+

🔲🔳✕

패러프레이징 빈출 표현

패러프레이징은 비슷한 의미를 다른 표현으로 나타내는 방식입니다. 본문과 정답 보기에 알맞게 패러프레이징된 표현을 매칭하는 것은 지텔프 독해의 핵심 전략이므로, 패러프레이징 빈출 표현을 익혀 독해 만점에 도전해 봅시다. 48＋점, 65＋점 목표라면 꼭 암기하세요!

본문	Paraphrasing	정답	☑ 암기 끝!
admire the author (작가를 존경하다)	≫	a fan of the writer (작가의 팬)	☐
deliver free of charge (무료로 배송하다)	≫	no need to pay for shipping (배송비를 지불할 필요가 없음)	☐
creative collaboration (창조적인 협력)	≫	a joint venture (협력 사업)	☐
enhance his performance (성과를 향상시키다)	≫	become more proficient (더 능숙해지다)	☐
have a strong connection to the town (마을과 밀접한 관계가 있다)	≫	deeply rooted in the community (지역 사회에 깊이 뿌리를 둔)	☐
press a button (버튼을 누르다)	≫	a simple maneuver (간단한 조작)	☐
the invention of the telephone (전화의 발명)	≫	a major technological advancement (주요한 기술적 진보)	☐
no scientific evidence (과학적 증거가 없다)	≫	be overstated (과장되었다)	☐
mass-produced clothing (대량 생산 의류)	≫	commonplace items (흔히 볼 수 있는 물품)	☐
derive from the first version (첫 번째 버전에서 파생되다)	≫	be influenced by the original version (최초 버전의 영향을 받다)	☐
unique among members (구성원들 사이에서 유일무이한)	≫	distinguishable (확연히 다른)	☐
provide employees with additional training (직원들에게 추가적인 훈련을 제공하다)	≫	support professional development (직업적인 발전을 지원하다)	☐

Daily Test   데일리 테스트   정답 및 해석

DAY 01

1 ⓒ	2 ⓓ	3 ⓑ	4 ⓔ	5 ⓐ	6 (b)	7 (d)	8 (c)	9 (a)	10 (b)

1 affect 영향을 미치다 = ⓒ influence

2 assure 확신시키다 = ⓓ promise

3 aim 목적 = ⓑ objective

4 address 다루다, 해결하다 = ⓔ settle

5 seek 구하다, 찾다 = ⓐ pursue

6 높은 교육적 기준을 유지하다
   (a) 이기다   (b) 유지하다   (c) 주장하다   (d) 주장하다

7 이전의 조사 결과를 참조하다
   (a) 고대의   (b) 현재의   (c) 연로한   (d) 이전의

8 자격증을 따다
   (a) 보호하다   (b) 보존하다   (c) 획득하다   (d) 고정하다

9 등산로에 적합한 신발을 신도록 권하다
   (a) 적절한   (b) 견고한   (c) 정확한   (d) (사이즈가) 딱 맞는

10 다양한 크기로 출시되다
   (a) 계획   (b) 다양   (c) 연속   (d) 제공

DAY 02

1 ⓔ	2 ⓓ	3 ⓐ	4 ⓑ	5 ⓒ	6 (d)	7 (a)	8 (c)	9 (b)	10 (d)

1 focus 집중하다 = ⓔ concentrate

2 apparent 명백한 = ⓓ clear

3 divided 나뉘어진 = ⓐ split

4 establish 설립하다 = ⓑ found

5 draw (관심 등) 끌다 = ⓒ attract

6 그의 도덕적 기준에 반하여

   (a) 체계   **(b)** 중점   **(c)** 정의   **(d)** 기준

7 거래를 성사시킨 것에 대한 인정을 받을 자격이 있다

   (a) 인정   **(b)** 결론   **(c)** 신용   **(d)** 자산

8 신약의 효과를 평가하다

   (a) 요구하다   **(b)** 부과하다   **(c)** 평가하다   **(d)** 끌다

9 긍정적인 일에 집중하려고 노력하다

   (a) 모으다   **(b)** 집중하다   **(c)** 수집하다   **(d)** 접근하다

10 소프트웨어를 작동하는 것은 불가능해 보인다.

   (a) 탈출하다   **(b)** 급히 달려가다   **(c)** 돕다   **(d)** 작동시키다

DAY 03

| **1** ⓑ | **2** ⓓ | **3** ⓐ | **4** ⓒ | **5** ⓔ | **6** (d) | **7** (a) | **8** (c) | **9** (b) | **10** (a) |

1 assign 임명하다 = ⓑ appoint

2 impact 영향 = ⓓ influence

3 favor 선호하다 = ⓐ prefer

4 decline 하락하다 = ⓒ fall

5 settle 해결하다 = ⓔ solve

6 제품을 제조업체에게 반송하다

   (a) 디자이너   **(b)** 소유자   **(c)** 유통업자   **(d)** 제조자, 생산자

7 태양에 대한 노출을 제한하다

   (a) 제한하다   **(b)** 반박하다   **(c)** 포함하다   **(d)** 고정하다

8 더 많은 책임을 <u>부여하다</u>

    (a) 선택하다   (b) 해결하다   (c) 주다   (d) 뽑다

9 새로운 시스템의 <u>잠재적인</u> 문제들

    (a) 명백한   (b) 있을 수 있는   (c) 선도적인   (d) 나중의

10 정치범 <u>석방</u>을 주선하다

    (a) 석방   (b) 배송   (c) 순서   (d) 길이

DAY 04

1 ⓒ	2 ⓐ	3 ⓔ	4 ⓓ	5 ⓑ	6 (b)	7 (c)	8 (d)	9 (a)	10 (b)

1 proper 적절한 = ⓒ appropriate

2 volume 양, 용량 = ⓐ amount

3 supply 제공하다 = ⓔ provide

4 succeed 성공하다, 번창하다 = ⓓ thrive

5 demand 요구하다 = ⓑ request

6 문제를 면밀하게 <u>검토하다</u>

    (a) 약간   (b) 신중히   (c) 널리   (d) 오로지

7 그의 마음을 <u>편하게 하기</u> 위해 음악을 듣다

    (a) 전달하다   (b) 열다   (c) 달래다   (d) 약하게 하다

8 많은 <u>양</u>의 전기차를 생산하다

    (a) 질   (b) 시끄러움   (c) 운반   (d) 양

9 회사의 방침에 <u>상당한</u> 변화를 주다

    (a) 상당한   (b) 적절한   (c) 긍정적인   (d) 확고한

10 많은 가구를 <u>운반하다</u>

    (a) 제거하다   (b) 보내다   (c) 제조하다   (d) 추방하다

DAY 05

| 1 ⓑ | 2 ⓐ | 3 ⓔ | 4 ⓓ | 5 ⓒ | 6 (c) | 7 (d) | 8 (b) | 9 (a) | 10 (a) |

1 dependent 의존하는 = ⓑ reliant

2 attribute 속성 = ⓐ trait

3 engaging 매력적인 = ⓔ charming

4 undergo 겪다 = ⓓ experience

5 guarantee 보장하다 = ⓒ assure

6 차를 길가에 버리다
　(a) 포기하다　　(b) 제거하다　　(c) 버리다　　(d) 멈추다

7 힘든 결정
　(a) 관련 있는　　(b) 기술적인　　(c) 강인한　　(d) 힘든

8 폭발의 원인을 알아내다
　(a) 나누다　　(b) 밝혀내다　　(c) 바꾸다　　(d) 영향을 미치다

9 투표의 중요성에 대한 인식을 높이다
　(a) 높이다　　(b) 언급하다　　(c) 들어 올리다　　(d) 부양하다

10 이메일에 가능한 한 빨리 응답하다
　(a) 응답하다　　(b) 반응하다　　(c) 확인하다　　(d) 언급하다

DAY 06

| 1 ⓔ | 2 ⓑ | 3 ⓒ | 4 ⓓ | 5 ⓐ | 6 (c) | 7 (a) | 8 (d) | 9 (b) | 10 (a) |

1 accurate 정확한 = ⓔ precise

2 exhausted 지친 = ⓑ fatigued

3 exhibit 보여주다 = ⓒ show

4 disrupt 방해하다 = ⓓ hamper

5 comprehensive 포괄적인 = ⓐ thorough

6 새로운 사업 계획을 실행하다
  (a) 고안하다   **(b)** 겪다   **(c)** 실행하다   **(d)** 중단하다

7 방의 온도를 조절하다
  (a) 바꾸다   **(b)** 회복하다   **(c)** 비난하다   **(d)** 찾아내다

8 신제품 개발을 돕다
  (a) 홍보하다   **(b)** 방해하다   **(c)** 통보하다   **(d)** 돕다

9 회사의 미래를 확신하는
  (a) 까다롭게 고르는 **(b)** 확신하는   **(c)** 재능 있는   **(d)** 복잡한

10 새 직장에서 많은 어려움을 예상하다
  (a) 예상하다   **(b)** 흡수하다   **(c)** 보존하다   **(d)** 준비하다

DAY 07

1 ⓑ	2 ⓔ	3 ⓒ	4 ⓐ	5 ⓓ	6 (b)	7 (a)	8 (c)	9 (d)	10 (b)

1 reward 보상 = ⓑ prize

2 enhance 향상시키다 = ⓔ improve

3 means 수단 = ⓒ method

4 expensive 비싼 = ⓐ costly

5 precise 정확한 = ⓓ exact

6 켈리를 납득시켜 마음을 바꾸게 하다
  (a) 요청하다   **(b)** 납득시키다   **(c)** 갱신하다   **(d)** 구성하다

7 그 연구 프로젝트에 1억 달러를 수여하다
  (a) 주다   **(b)** 경의를 표하다 **(c)** 이전하다   **(d)** 연장하다

8 스트레스를 적절히 관리하다
  (a) 운영하다   **(b)** 건설하다   **(c)** 관리하다   **(d)** 운영하다

9 문제를 해결하다

    (a) 결심하다   **(b)** 상담하다   **(c)** 결심하다   **(d)** 해결하다

10 고의로 그 질문을 무시하다

    (a) 실제로   **(b)** 의도적으로   **(c)** 급속히   **(d)** 공식적으로

DAY 08

1 ⓒ   **2** ⓔ   **3** ⓐ   **4** ⓓ   **5** ⓑ   **6** (d)   **7** (a)   **8** (b)   **9** (c)   **10** (a)

1 gather 모이다 = ⓒ flock

2 solve 해결하다 = ⓔ resolve

3 surge 급등 = ⓐ boost

4 predict 예상하다 = ⓓ anticipate

5 observe 준수하다, 따르다 = ⓑ follow

6 어깨의 심한 통증

    (a) 결정적인   **(b)** 신중한   **(c)** 창의적인   **(d)** 격심한

7 아들의 열성 부족을 걱정하다

    (a) 열정   **(b)** 개념   **(c)** 점유, 직업   **(d)** 취미

8 건강을 증진시키기 위해 균형 잡힌 식사를 하다

    (a) 광고하다   **(b)** 증대시키다   **(c)** 수집하다   **(d)** 판매하다

9 우승을 차지하기 위해 엄청난 노력을 하다

    (a) 충격적인   **(b)** 악랄한   **(c)** 엄청난   **(d)** 활기찬

10 메건이 그런 짓을 하다니 정말 이상하다.

    (a) 이상한   **(b)** 불법의   **(c)** 평평하지 않은   **(d)** 여분의

| 1 ⓔ | 2 ⓐ | 3 ⓓ | 4 ⓒ | 5 ⓑ | 6 (b) | 7 (c) | 8 (c) | 9 (d) | 10 (a) |

1 invade 침입하다 = ⓔ attack

2 submit 제출하다 = ⓐ file

3 praise 칭찬하다 = ⓓ acclaim

4 preserve 보존하다 = ⓒ protect

5 outcome 결과 = ⓑ result

6 긍정적인 답변 감사합니다.
   (a) 거친   (b) 긍정적인   (c) 추상적인   (d) 심각한

7 극심한 고통을 겪다
   (a) 놀랄 만한   (b) 호의적인   (c) 극심한   (d) 즐거운

8 그 이론은 최근 몇 년 동안 변화를 겪었다.
   (a) 약속   (b) 허가   (c) 변화   (d) 동정

9 교육 개혁의 강력한 옹호자
   (a) 칭찬   (b) 투쟁   (c) 전제   (d) 지지자

10 사람들은 자신과 비슷한 사람들에게 끌린다.
   (a) 끌린   (b) 지속된   (c) 달성된   (d) 명시된

| 1 ⓒ | 2 ⓔ | 3 ⓐ | 4 ⓓ | 5 ⓑ | 6 (d) | 7 (a) | 8 (c) | 9 (d) | 10 (b) |

1 adjacent 가까운 = ⓒ nearby

2 norm 규범, 표준 = ⓔ standard

3 oversee 감독하다 = ⓐ supervise

4 associate 연관시키다 = ⓓ relate

5 dispose of 처분하다 = ⓑ discard

6 선물로 그들의 감사를 전달하다

  (a) 후원하다   (b) 수행하다   (c) 지연시키다   (d) 표현하다

7 재정적인 어려움을 견디다

  (a) 견디다   (b) 남아 있다   (c) 허락하다   (d) 기대하다

8 결함이 있는 유전자를 갖고 태어나다

  (a) 불가사의한   (b) 가능한   (c) 결함이 있는   (d) 짧은

9 좋은 평판을 유지하려고 하는

  (a) 고용하다   (b) 기억하다   (c) 포함하다   (d) 유지하다

10 경제를 완전히 회복시키다

  (a) 관리하다   (b) 되살리다   (c) 확신시키다   (d) 자극하다

DAY 11

| 1 ⓓ | 2 ⓒ | 3 ⓔ | 4 ⓑ | 5 ⓐ | 6 (a) | 7 (d) | 8 (b) | 9 (c) | 10 (d) |

1 enforce 시행하다 = ⓓ implement

2 suited 적합한 = ⓒ right

3 explore 탐구하다, 연구하다 = ⓔ investigate

4 pursue 추구하다 = ⓑ seek

5 induce 유발하다 = ⓐ cause

6 퍼즐의 조각을 맞추다

  (a) 연결하다   (b) 소집하다   (c) 전시하다   (d) 몰려들다

7 부정행위에 대한 학교의 새 정책을 시행하다

  (a) 연장하다   (b) 고무하다   (c) 강요하다   (d) 시행하다

8 많은 베스트셀러 소설의 저명한 작가

  (a) 성공적인   (b) 유명한   (c) 번창하는   (d) 제한된

9 세계 최첨단의 무기를 개발하다

   (a) 모욕적인   **(b)** 전략적인   **(c)** 고도화된   **(d)** 전통적인

10 그 연구는 최근 연구에서 나온 데이터에 의해 뒷받침된다.

   (a) 뒤집힌   **(b)** 움직여진   **(c)** 변경된   **(d)** 뒷받침되는

DAY 12

1 ⓔ   **2** ⓑ   **3** ⓒ   **4** ⓓ   **5** ⓐ   **6** (d)   **7** (a)   **8** (b)   **9** (d)   **10** (c)

1 avid 열렬한 = ⓔ enthusiastic

2 commence 시작하다 = ⓑ start

3 refuse 거절하다 = ⓒ decline

4 brief 짧은, 잠시의 = ⓓ momentary

5 contrast 대조하다 = ⓐ compare

6 올리비아가 마음을 바꾸도록 설득하다

   (a) 진화하다   **(b)** 만족시키다   **(c)** 보상하다   **(d)** 납득시키다

7 뛰어난 고객 서비스 기술을 보여주다

   (a) 뛰어난   **(b)** 불규칙적인   **(c)** 유연한   **(d)** 이상한

8 신제품 출시를 연기하다

   (a) 거절하다   **(b)** 연기하다   **(c)** 방해하다   **(d)** 제한하다

9 서류를 꼼꼼히 확인하다

   (a) 상대적으로   **(b)** 느리게   **(c)** 안전하게   **(d)** 꼼꼼하게

10 전 소유자의 빚을 떠맡다

   (a) 상상하다   **(b)** 동시에 일어나다   **(c)** 받아들이다   **(d)** 추측하다

1 convert 개조하다 = ⓑ change

2 thrive 번창하다 = ⓔ flourish

3 inspection 조사 = ⓓ examination

4 differentiate 구별하다 = ⓒ distinguish

5 shelter 피난, 보호 = ⓐ protection

6 그 방을 홈오피스로 개조하다
   (a) 조사하다   (b) 바꾸다   (c) 주문 제작하다   (d) 의미하다

7 산책하고 싶은 마음이 들다
   (a) 유력한   (b) 강요된   (c) ~하고 싶은 마음이 드는   (d) 준비된

8 2011년에 단체를 설립했다
   (a) 설립했다   (b) 덮었다   (c) 재조직했다   (d) 끼어들었다

9 고객의 불만을 적시에 처리하다
   (a) 제한하다   (b) 대처하다   (c) 운영하다   (d) 상기시키다

10 과도한 유산소 운동은 근육을 만드는 능력을 방해할 수 있다.
   (a) 성공하다   (b) 배포하다   (c) 반항하다   (d) 방해하다

1 notable 주목할 만한 = ⓔ remarkable

2 particulars 세부사항 = ⓒ details

3 apprentice 견습생 = ⓓ trainee

4 contract 계약 = ⓑ agreement

5 regulate 규제하다 = ⓐ control

6 폐기물을 강으로 배출하다

(a) 규제하다　　(b) 방출하다　　(c) 전환하다　　(d) 이전하다

7 그녀의 삶에 관한 책을 쓰기로 계약을 맺다

(a) 고립된　　(b) 단축된　　(c) 고용된　　(d) 예금된

8 신규 고객 수의 근소한 증가

(a) 전통적인　　(b) 깨지기 쉬운　　(c) 미미한　　(d) 구조적인

9 그의 신용카드에 100달러의 미불 잔액이 있다

(a) 미납의　　(b) 뛰어난　　(c) 지속적인　　(d) 탁월한

10 더 많은 책을 읽음으로써 그의 지식을 넓히다

(a) 퍼뜨리다　　(b) 참석하다　　(c) 배달하다　　(d) 발전시키다

DAY 15

| 1 ⓒ | 2 ⓐ | 3 ⓓ | 4 ⓑ | 5 ⓔ | 6 (d) | 7 (a) | 8 (c) | 9 (b) | 10 (a) |

1 promptly 즉시 = ⓒ immediately

2 solely 오로지 = ⓐ exclusively

3 prosperous 번영하는 = ⓓ successful

4 typically 일반적으로, 보통 = ⓑ usually

5 rigid 엄격한 = ⓔ strict

6 우리의 자원을 현명하게 이용하다

(a) 철수하다　　(b) 희미해지다　　(c) 보존하다　　(d) 사용하다

7 오로지 그의 운에 의지하다

(a) 오로지　　(b) 혼자서　　(c) 꽤　　(d) 즉시

8 이완의 반응을 일으키다

(a) 전송하다　　(b) 이끌다　　(c) 야기시키다　　(d) 위반하다

9 면회 시간에 대한 정책을 바꾸다

   (a) 중단하다   (b) 변경하다   (c) 암기하다   (d) 금지하다

10 조리법에서 우유를 아몬드 우유로 대체하다

   (a) 교체하다   (b) 보충하다   (c) 성공하다   (d) 이해하다

DAY 16

1 ⓑ   2 ⓒ   3 ⓓ   4 ⓐ   5 ⓔ   6 (a)   7 (d)   8 (c)   9 (b)   10 (a)

1 authentic 진짜의 = ⓑ genuine

2 distract 집중을 방해하다 = ⓒ sidetrack

3 integrate 통합하다 = ⓓ combine

4 intrigue 흥미를 일으키다 = ⓐ interest

5 conserve 보존하다 = ⓔ preserve

6 외피를 주기적으로 벗겨내다

   (a) 제거하다   (b) 면제하다   (c) 반영하다   (d) 축하하다

7 열쇠를 잃어버릴 경우를 대비해서 열쇠를 복제하다

   (a) 강화하다   (b) 반복하다   (c) 묘사하다   (d) 복사하다

8 철재로 그 구조를 보강하다

   (a) 협동하다   (b) 넓히다   (c) 지탱하다   (d) 쫓다

9 그들의 딸이 파티에 참석하는 것을 금지하다

   (a) 벗어나다   (b) 금지하다   (c) 명령하다   (d) 만료되다

10 고객 데이터를 관리하기 위한 복잡한 시스템

   (a) 복잡한   (b) 필수적인   (c) 분명한   (d) 인식의

1 derive 얻다, 끌어내다 = ⓐ take

2 expel 추방하다 = ⓓ banish

3 disregard 무시하다 = ⓔ ignore

4 evade 피하다, 회피하다 = ⓒ escape

5 withstand 참다 = ⓑ endure

6 태양과 지구의 근접성
   (a) 습도　　　　(b) 표면　　　　(c) 가까움　　　　(d) 성숙함

7 성난 군중을 피하려고 하다
   (a) 탈출하다　　(b) 영향을 미치다　(c) 무시하다　　(d) 얻다

8 작가라는 일생의 꿈을 이루다
   (a) 좌절시키다　(b) 접근하다　　(c) 폭발하다　　(d) 실현하다

9 그의 인생관을 서서히 바꾸다
   (a) 널리　　　　(b) 천천히　　　(c) 상당히　　　(d) 근소하게

10 우리 고객의 기대를 뛰어넘다
   (a) 살아남다　　(b) 능가하다　　(c) 추방하다　　(d) 반대하다

1 skeptical 의심이 많은 = ⓐ doubtful

2 skillfully 능숙하게 = ⓑ expertly

3 noticeable 뚜렷한 = ⓓ clear

4 prolonged 장기간의 = ⓒ extended

5 immoral 부도덕한 = ⓔ malicious

6 범인의 행적을 <u>추적하다</u>

    (a) 간과하다   **(b)** 진행되다   **(c)** 약해지다   **(d)** 추적하다

7 <u>장기간의</u> 추운 날씨

    (a) 악랄한   **(b)** 폭이 넓혀진   **(c)** 장기간에 걸친   **(d)** 진짜의

8 커피를 마신 후 두통이 생기기 <u>쉬운</u>

    (a) 다용도의   **(b)** 이상적인   **(c)** 정교한   **(d)** ～하기 쉬운

9 나무와 관목에 아주 <u>가끔씩만</u> 물을 주다

    (a) 드물게   **(b)** 능숙하게   **(c)** 정기적으로   **(d)** 일반적으로

10 학교 위원회의 결정을 <u>지지하다</u>

    (a) 자극하다   **(b)** 지지하다   **(c)** 사임하다   **(d)** 항복하다

DAY 19

1 ⓐ	**2** ⓒ	**3** ⓑ	**4** ⓓ	**5** ⓔ	**6** (d)	**7** (a)	**8** (c)	**9** (b)	**10** (a)

1 discourage 단념시키다 = ⓐ deter

2 ubiquitous 어디에나 있는 = ⓒ widespread

3 bolster 강화하다 = ⓑ strengthen

4 peculiar 이상한 = ⓓ strange

5 magnificent 훌륭한, 장엄한 = ⓔ majestic

6 프랑스 요리의 <u>주요</u> 재료

    (a) 참을 수 없는   **(b)** 천연의   **(c)** 필요한   **(d)** 주요한

7 그의 <u>만성적인</u> 허리 통증

    (a) 지속적인   **(b)** 온화한   **(c)** 약간의   **(d)** 연속적인

8 재무 결과를 주주들에게 <u>공개하다</u>

    (a) 파악하다   **(b)** 제출하다   **(c)** 보여주다   **(d)** 즉흥적으로 하다

9 음악은 분위기를 <u>보완할</u> 것이다.

    (a) 조종하다   **(b)** 높이다   **(c)** 덜다   **(d)** 부화하다

10 그 환자는 적절한 치료를 받지 못하고 <u>죽었다</u>.

    (a) 죽었다   **(b)** 피했다   **(c)** 악화됐다   **(d)** 기념했다

DAY 20

1 ⓑ   **2** ⓐ   **3** ⓔ   **4** ⓒ   **5** ⓓ   **6** ⓑ   **7** ⓑ   **8** ⓓ   **9** ⓐ   **10** ⓒ

1 apprehensive 걱정하는 = ⓑ worried

2 proprietor 소유주, 주인 = ⓐ owner

3 rarity 희귀성, 흔치 않음 = ⓔ infrequency

4 retrieve 되찾아오다 = ⓒ regain

5 discrepancy 불일치 = ⓓ disagreement

6 생산성을 <u>높이다</u>

    (a) 흉내 내다   **(b)** 개선하다   **(c)** 유지하다   **(d)** 되찾아오다

7 높은 <u>위생</u> 수준을 유지하다

    (a) 방사선   **(b)** 청결   **(c)** 뛰어남   **(d)** 불일치

8 사랑과 연민을 <u>갈망하다</u>

    (a) 거닐다   **(b)** 받다   **(c)** 칭송하다   **(d)** 열망하다

9 저렴한 가격으로 고객을 <u>유혹하다</u>

    (a) 끌다   **(b)** 매혹시키다   **(c)** 제공하다   **(d)** 다투다

10 업계의 판도를 바꾼 것으로 <u>인정받다</u>

    (a) 제안된   **(b)** 출판된   **(c)** 칭찬받은   **(d)** 해결된

Index 색인

D

F

H

G

O

P

S

Y

W